Brunhild Hofmann

Stark oder schwach?

KOHA KOMPAKT

Brunhild Hofmann

Stark oder schwach?

Selbst-Muskeltests als Entscheidungshilfe in allen Lebenslagen

Inhalt

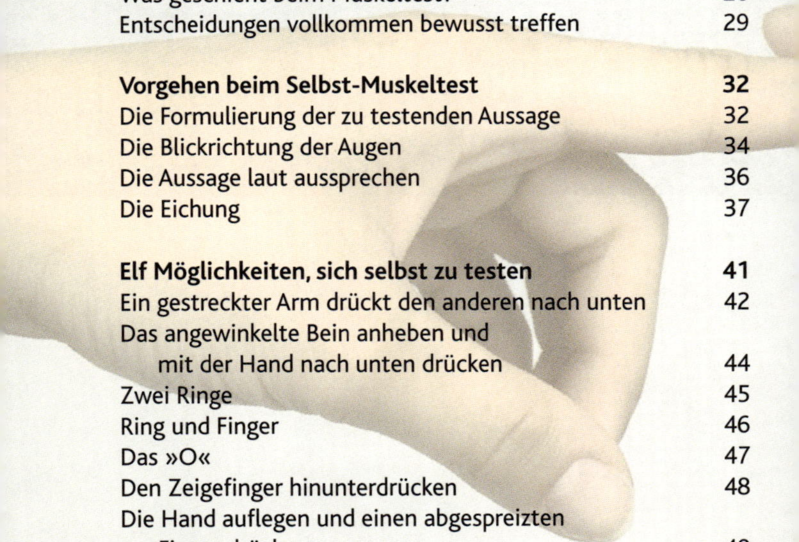

»Ach dass wir doch
dem reinen stillen Wink
des Herzens nachzugehen
so sehr verlernen!

Ganz leise spricht ein Gott
in unsrer Brust,
ganz leise,
ganz vernehmlich,
zeigt uns an,
was zu ergreifen ist
und was zu fliehn.«

Aus »Torquato Tasso«,
Schauspiel von
Johann Wolfgang von Goethe

Vorwort

»Ab dem Alter von 25 Jahren geht es bergab« – so hieß es, als ich vor Jahren Sport studierte. Natürlich war das vor allem auf die körperlichen Fähigkeiten bezogen, aber eine leise Furcht schlich sich ein, dass damit auch unsere geistigen Kapazitäten gemeint sein könnten.

Wie wundervoll sind die Forschungsergebnisse der letzten Jahre! Wissenschaftlich ist bestätigt, dass wir bis ins hohe Alter lernfähig sind. Studien bezeugen die enorme »Plastizität« – also »Formbarkeit« – unseres Gehirns.

Einige agile Menschen beginnen mit 90 Jahren, eine neue Sprache zu lernen, und haben Spaß daran. Selbst im hohen Alter kann man durch Training auch seine körperliche Leistungsfähigkeit verbessern.

Und es gibt Bereiche, die wir völlig neu für uns entdecken können, etwa die Entwicklung einer immer feineren Selbstwahrnehmung. Unser Gehirn enthält einen Bereich, durch den wir unseren Körper, z.B. unsere Organe, wahrnehmen können. Wie wir durch unsere fünf Sinne unsere äußere Umwelt aufnehmen, so können wir hier Zugang zu unserer inneren Welt erlangen. Körperreaktionen werden hier nicht nur wahrgenommen, sondern auch bewertet (siehe »Unser inneres Körperbild« im Kapitel »Der eigenen Wahrnehmung vertrauen«, S. 68 ff.). Bewussten Zugang zu diesem Bereich zu erlangen ist eine lohnenswerte Aufgabe. Der Selbst-Muskeltest unterstützt uns dabei.

Möge dieses Buch unser Vertrauen stärken, dass wir in jedem Alter Neues dazulernen können.

Tagebuch-Auszug

⚭ 29. Dezember 2011

Morgen fahren wir zum Skilaufen. Ich freue mich schon seit Wochen darauf. In den Alpen liegen mehr als zwei Meter Schnee, und herrliche Wintertage stehen uns bevor.
In der Pause zwischen Weihnachten und Neujahr schaffte ich es, einen Termin bei meiner Gynäkologin zu ergattern. Es ist eine Routine-Vorsorgeuntersuchung. Ich weiß gar nicht, wann ich das letzte Mal bei ihr war.
Ich freue mich, meine Frauenärztin zu sehen. Sie hat mich sehr kompetent bei der Geburt meiner jüngsten Tochter begleitet. Vor der Schwangerschaft war ein Myom in meiner Gebärmutter diagnostiziert worden. Verschiedene Frauenärzte meinten, aufgrund seiner Lage würde ich nicht mehr schwanger werden; kein Ei könnte sich in meiner Gebärmutter einnisten. Daraufhin verhütete ich nicht mehr – und war ein halbes Jahr später schwanger! Welch ein Glück ... Und das Myom spielte während der Schwangerschaft keine Rolle.
Sie beginnt mit dem Ultraschall. Das Myom in der Gebärmutter ist jetzt ganz klein. Plötzlich sagt sie: »Was ist denn das?«
Ich sehe einen schwarzen Fleck auf dem Bildschirm.
»Das ist mehr als eine Zyste!«
Ich nehme die Panik in ihrer Stimme wahr. Sie versucht, ruhig zu bleiben, aber ich spüre, wie sich ihre Aufregung auf mich überträgt. Sie misst den schwarzen Fleck aus: »Sieben mal acht Zentimeter.«

Ich frage: »Was bedeutet das?«
»Das kann ich nicht sagen. Sie müssen sofort ins Krankenhaus. Das Ding muss raus!«
Ich denke: »Jetzt ganz ruhig bleiben«, und sage: »Ich will morgen in den Skiurlaub fahren.«
Sie schaut mich an. »Das geht auf keinen Fall. Ich empfehle Ihnen, sich jetzt sofort beim Chefarzt der Frauenklinik einen Termin geben zu lassen.«
Ich sage erst mal gar nichts. Sie macht weitere Messungen. Dann hake ich nach: »Sie sind gerade sehr erschrocken, nicht wahr?«
Sie nickt.
»Was wird bei dieser Operation passieren und wie lange werde ich im Krankenhaus bleiben müssen?«
»Das weiß ich nicht, das kann erst der Chirurg während der Operation entscheiden. Kann sein, dass nur der Eierstock betroffen ist; kann sein, dass auch die Gebärmutter und die Lymphknoten entfernt werden müssen. Es darf auf jeden Fall keine Flüssigkeit in den Bauchraum gelangen! Von der Art der Operation hängt auch ab, wie lange Sie im Krankenhaus bleiben müssen.«
Ich lasse das erst mal wirken. Dann merke ich: Ich will jetzt alleine und unter diesem Druck nichts entscheiden. Und ich will in den Skiurlaub fahren. Ich traue mich zu fragen: »Meinen Sie wirklich, es ist absolut notwendig, dass ich morgen, am 30. Dezember, ins Krankenhaus gehe? Und dass dann etwas passieren wird?«
Sie ist still, dann antwortet sie: »Stimmt, der Chefarzt ist bis zum 3. Januar in Urlaub. Aber gehen Sie in sein Sekretariat

und machen Sie sofort einen Termin für den Tag aus, an dem Sie wieder zurück sind.« Zögernd stimmt sie mir zu, dass der »Tumor« nicht in einer Woche gewachsen ist. Sie informiert mich auch darüber, dass »Tumor« nur »Geschwür« bedeutet und nicht unbedingt »bösartig« heißt.
Sie bietet mir an, sofort Blut abzunehmen, um die Tumormarker zu bestimmen. Ich könne dann in drei Tagen bei ihr anrufen.
Ich lehne das ab und merke, dass ich nur noch weg will. Ich bin völlig durcheinander. Mittlerweile kostet es mich Kraft, Haltung zu bewahren.
Ich steige auf mein Fahrrad und überquere die Straße. Ich schaue weder rechts noch links. Ein Auto hupt. Ich stehe vor einer Stoßstange und kann mich gerade noch halten. Ich denke: »Es kann noch schneller gehen ...« Und: »Wie lange habe ich noch zu leben?«
Ich fahre an der Klinik vorbei und verabrede den Termin bei dem mir empfohlenen Chirurgen.
Zum Glück ist momentan niemand zu Hause. Ich muss mich sammeln und frage mich, wie ich den Rest des Tages bewältigen soll. In drei Stunden werde ich meinen Sohn verabschieden, der für fünf Monate nach Island geht. »Werde ich ihn noch einmal gesund sehen?«, denke ich. Dann treffe ich meinen 84-jährigen Vater. Ihn will ich auch nicht mit Ungewissheit und Angst belasten.
Also spiele ich an diesem Tag die unbeschwerte Frau in der Begegnung mit meinen Lieben. Es fällt mir schwer. Erst abends erzähle ich meinem Partner, was ich an diesem Tag erlebt habe. Ich fange an zu weinen.

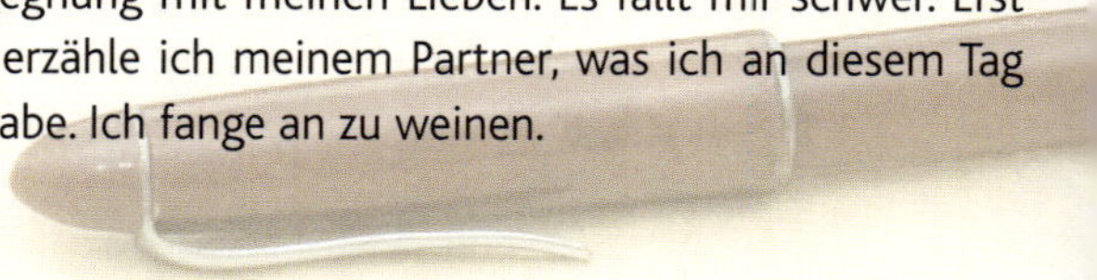

Später ruft mich eine vertraute Freundin an. Sie ist der zweite Mensch, dem ich alles erzähle. Sie hört sich das Ganze ruhig an und sagt am Schluss: »Also weißt du, ich mache mir gar keine Sorgen um dich. Ich habe ein gutes Gefühl.«
Das stärkt mich. Ich kann schlafen.

30. Dezember 2011

Wir fahren früh los. Wie in Trance habe ich gestern die Koffer gepackt, das Essen eingekauft. Ich bin froh, endlich im Auto zu sitzen und nichts tun zu müssen. Alles strengt mich an. Meine Tochter und ihre Freundin plappern voller Vorfreude. Es fällt nicht auf, dass ich still bin.
Je weiter wir uns von zu Hause entfernen, desto ruhiger werde ich innerlich. Es ist richtig, dass ich heute in den Skiurlaub fahre. Bei der Abfahrt habe ich noch gedacht: »Oder soll ich jetzt doch lieber ins Krankenhaus?« Ich habe beschlossen, nur mit meinem Partner über die Diagnose »Eierstocktumor« zu reden und sie weder den Kindern noch den Freunden, mit denen wir uns die Hütte teilen, preiszugeben.
Mein Partner legt mir während der Fahrt die Hand auf den Oberschenkel: »Du bist gesund.« Er lächelt.
»Danke!« Ich entspanne mich.
Während der Fahrt sinniere ich über meine Frauenärztin. Ich beginne, ihre Aussagen von meinem Gefühl zu trennen. Langsam schleicht sich der Gedanke ein, dass sie nicht nur aus ärztlicher Professionalität gehandelt hat, sondern in irgendei-

ner Weise persönlich betroffen ist. »Ob sie selbst einen bösartigen Eierstocktumor hatte – oder eine andere Patientin? Und dadurch ist sie befangen?«
Als wir die deutsch-schweizerische Grenze überqueren, fühle ich mich leichter. Ich lade meine Familie zu Kaffee und Birchermüsli ein. In zwei Stunden kommen wir an der Seilbahn an. Vorher fahren wir noch ungefähr 15 Minuten in einem Zug durch den Tunnel. Dort ist es stockdunkel. Und plötzlich habe ich die Idee: Ich kann mich ja mal selbst testen. Schauen, was mein Unterbewusstsein, meine Körperweisheit zu alldem meint. Traue ich mich?
Ja, ich traue mich.
Ich denke: »Ich habe Krebs.« Es folgt eine schwache Muskelreaktion, das bedeutet: Nein.
»Ich habe eine Zyste.« Das Ergebnis ist eine starke Reaktion, das heißt: Ja.
»Ich habe eine große Zyste am rechten Eierstock.« – Ja.
»Mein linker Eierstock ist gesund.« – Ja.
»Meine Gebärmutter ist gesund.« – Ja.
»Meine Lymphknoten sind gesund.« – Ja.
Fünfzehn Minuten im Dunkeln, die mir pure Erleichterung bringen. Als wir ins helle Licht tauchen, kann ich heute zum ersten Mal lächeln.
Wir treffen die Freunde an der Gondel, ich freue mich. Wir fahren auf den Berg, kämpfen uns durch viel Schnee zur Hütte und machen Feuer. Ich glaube, alles wird gut.

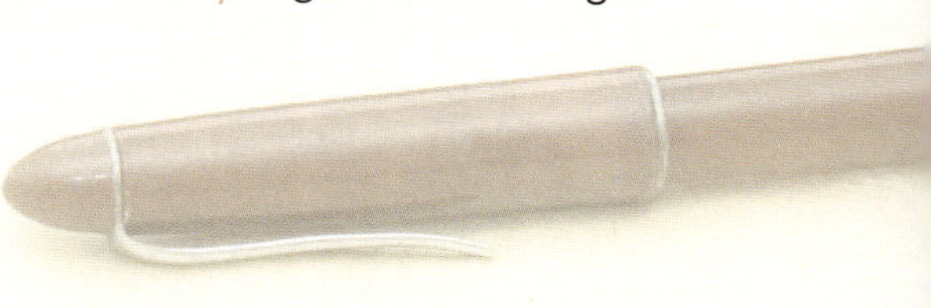

31. Dezember 2011

Heute ist Silvester. In den letzten Tagen hat es so viel geschneit, dass ich fürchte, das Dach kann die Schneelast nicht tragen. Auf manchen Dächern um uns herum schippen Menschen Schnee. Wir schippen auch. Es macht Spaß. Ich fühle mich zwar schlapp und ausgelaugt von der inneren Anspannung der letzten Tage, aber ich genieße es, im Schnee auf dem Dach zu sein. Durch die Bewegung spüre ich meinen Körper; er fühlt sich gut und kräftig an.

Kurz vor Mitternacht beschließen wir, das neue Jahr auf dem Dach zu begrüßen. Wir müssen nur einen Schritt machen, um von der Schneemauer, die das Haus umgibt, aufs Dach zu steigen. Wir tragen Sekt, Gläser und Wunderkerzen hoch. Um Punkt 24 Uhr stoßen wir an und wünschen uns ein gutes neues Jahr. Ich denke: »Wie wird es wohl für mich werden? Was wird in vier Wochen sein?« Leicht und unbefangen fühlt sich anders an.

Um uns explodieren die Lichter grell gegen den weißen Berg. Auch brennende Kerzen steigen auf. Ich habe einen sprühenden, die Farben wechselnden Vulkan mitgebracht, noch gekauft, bevor ich den Arzttermin hatte. Er steht auf dem Dachfirst und wir hören »Plopp, plopp, plopp«, wenn eine Salve von Funken sprüht. Die Mädels lachen.

1. Januar 2012

Ich wache auf im neuen Jahr. Heute lädt alles zum Skifahren ein. Als die Hütte leer ist, bitte ich meinen Partner, den Muskeltest bei mir durchzuführen. Als Erstes sage ich: »Es ist im höchsten und besten Interesse, jetzt verschiedene Aussagen abzutesten.« Damit habe ich mein höheres Selbst einbezogen. Das mache ich immer, wenn mir etwas sehr wichtig ist. Die Muskelreaktion war stark, das ist ein »Ja«.

Dann spreche ich erneut den Satz aus: »Ich habe Krebs.« Die Reaktion ist schwach, also: Nein.

»Ich habe eine Zyste.« Die Reaktion ist stark, also: Ja.

»Ich habe eine große Zyste.« Wieder eine starke Reaktion.

»Es ist in meinem höchsten und besten Interesse, die Zyste operativ entfernen zu lassen.« Die Antwort ist ebenfalls ein »Ja«.

Ich seufze. »Ich will nicht ins Krankenhaus, und ich will auch keinen Teil meines Körpers hergeben.«

»Dann probier doch erst mal mit anderen Methoden, mental, mit Überzeugungen – das ist doch deine Arbeit«, sagt mein Partner.

Ja, er hat recht. Ich balanciere die Überzeugung: »Die Zyste schmilzt dahin.« Beim Skifahren auf der Piste bewege ich mich im Rhythmus des Satzes: »Die Zyste – schmilzt dahin – die Zyste – schmilzt dahin ...«, Bogen für Bogen. Ich werde in den nächsten Tagen immer wieder den Durchmesser der Zyste mit dem Selbsttest prüfen. Bei der ersten Messung hatte sie 7 mal 8 Zentimeter. Nach dem Skiurlaub werden es bei der Ultraschall-Messung 5 mal 6 Zentimeter sein.

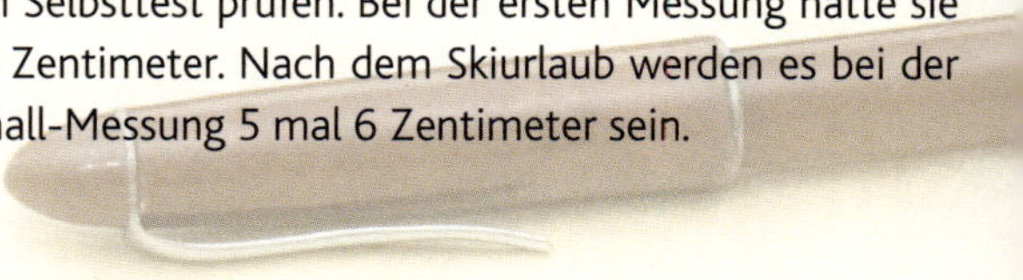

Und trotz all dieser Unterstützung: Das Feld der Angst vor Krebs, an das ich durch die Reaktion meiner Frauenärztin angebunden wurde, ist stark. Ich sitze im Sessellift, und plötzlich bemerke ich einen Zug, der von meinem Hals in den Brustmuskel geht. Ich taste meine Lymphknoten unter dem Kiefer ab. Sind sie angeschwollen? Ich spüre eigentlich nichts, aber ich habe auch keine Erfahrung ...

Abends werde ich die Lymphknoten unter meiner Achsel untersuchen und meine Brust abtasten lassen, obwohl das meine Frauenärztin schon getan und nichts gefunden hat. Nach ein paar Tagen werde ich feststellen, dass dieser Schmerz vom Hals in den Brustmuskel nachlässt. Und ich werde mich daran erinnern, dass es jedes Jahr so ist, dass während der ersten Tage des Skiurlaubs alles schmerzt: die Schulter, die Armmuskeln vom ungewohnten Stockeinsatz, die Oberschenkel und natürlich die Knie. Und nach ein paar Tagen ist mein Körper angepasst, es ist vorbei.

Aus heutiger Sicht war mein ständiges Achten auf Symptome eine Überreaktion. Aber leider ist es so – ich stehe unter dem Einfluss der Angst vor Krebs. Diese Angst kreiert ein massives energetisches Feld. Es ist nicht so leicht, sich dem zu entziehen. Ich bin froh, dass ich jeden Tag ein wenig mehr Distanz schaffen kann. Nach jedem – manchmal zwanghaften – Selbst-Muskeltest atme ich auf und entspanne mich.

Am Abend spielen wir »Activity« und ich lasse mich darauf ein; ich vergesse meinen »potenziellen« Krebs.

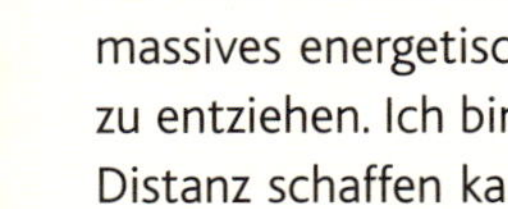

2. Januar 2012

Ich stelle mich auf die Skier und fahre allein ab ins Tal. Ich genieße es, aus dem Trubel herauszukommen. Es ist auf Dauer anstrengend, mit Freunden beim Frühstück zu sitzen und nicht darüber sprechen zu können, was mich tief im Inneren bewegt. Und ich weiß, dass meine Entscheidung richtig ist. Ich will den Wirbel nicht, den ich verursachen würde. Ich will mir – mit ein paar für mich wichtigen Menschen – über meine nächsten Schritte klar werden.

Im Tal kaufe ich mir die »Neue Zürcher Zeitung« und freue mich darauf, sie später in der Hütte zu lesen. Kaffee und Kuchen dazu, und vor dem Feuer sitzen, das ist es! Es schneit, und mein Leben ist schön. Ich bin dankbar dafür.

Wieder auf dem Berg und schließlich in der Hütte angekommen, mache ich es mir mit der Zeitung gemütlich. Zuerst lese ich die aktuellen Nachrichten. Dann blättere ich weiter. Unter der Überschrift »Wissen« entdecke ich einen ganzseitigen Artikel über die Bedeutung von Tumormarkern bei Eierstockkrebs. Ich blicke wie gelähmt und gleichzeitig schockiert auf das Blatt. Ich denke: »Was soll das? Ist das die Botschaft, dass ich Krebs habe?«

Ich lege die Zeitung zuerst einmal weg. Später nehme ich sie wieder zur Hand und lese den Artikel aufmerksam. Eine Zeile fällt mir in den Blick: »Bei herkömmlichen Therapien besteht bei Eierstockkrebs die Chance, noch drei bis fünf Jahre zu leben.« Ich atme auf: Noch drei bis fünf Jahre! Das ist immerhin noch viel Zeit! Bis dahin kann ich alles regeln, was nötig ist.

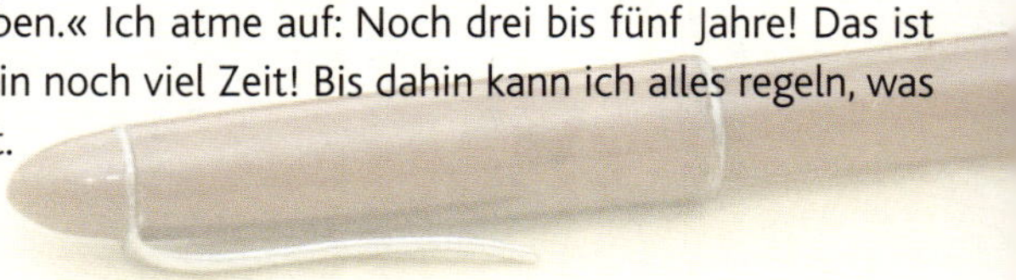

Ich lese weiter. Die Hauptaussage des Artikels lautet: Mit den heutigen Methoden ist die Identifikation von Tumormarkern noch zu unspezifisch, um in sehr frühem Stadium Eierstockkrebs zu erkennen und sicher zu diagnostizieren. Bestimmte Proteine, die als Tumormarker gesehen werden, werden auch von gesunden Zellen produziert. Erst die Menge macht den Unterschied. Ich denke: »Zum Glück habe ich mir kein Blut abnehmen lassen, sonst müsste ich mitten im Urlaub bei der Ärztin anrufen, um das Ergebnis zu erfragen. Erstens ist es unklar, was es bedeutet, zweitens kann ich das ruhig und mit mehr Unterstützung zu Hause durchführen lassen.«

Ich lasse von meinem Partner mit dem Armtest klären: »Ich habe Krebs.« Die Antwort lautet: Nein. »Ich bin gesund.« – Ja. Ich überlege mir genau, mit wem ich spreche, wenn ich wieder daheim bin. Meine älteste Tochter ist Ärztin. Sie werde ich als Erstes anrufen. Ich habe sie vor unserem Urlaub nicht angerufen, da ich wie gelähmt war. Außerdem wusste ich, dass sie ebenfalls in den Urlaub fährt, und habe ihr eine glückliche und entspannte Zeit gewünscht.

Dann schicke ich einer hellsichtigen Freundin eine SMS und bitte sie um ein Telefongespräch in den kommenden Tagen.

4. Januar 2012

Heute rufe ich meine Freundin an. Ich bin aufgeregt, als ich ihr erzähle, worum es geht. Sie sagt sogleich: »Ich denke, du wirst das operieren lassen, aber damit ist dann alles erledigt.«

Mir fällt ein Stein vom Herzen. Ich vertraue ihr. Wir reden noch ein bisschen über Zysten, und sie meint: »Dieses Thema hat sehr viel mit verletzter Weiblichkeit zu tun. Jede dritte Frau in Deutschland hat eine Zyste. Schau mal, was du mit diesem Thema anfangen kannst.«
Ein wunderbarer Tipp, ich kann einiges damit anfangen.
In den nächsten Tagen schneit es. Die wichtigste Beschäftigung ist, das Dach vom Schnee zu befreien. Ich nutze die Zeit für mich und bringe verschiedene Aspekte meiner Weiblichkeit in Balance: von Verletzungen, die meine Mutter erlitten hat und die ich als Mädchen miterlebte, bis zu eigenen Verletzungen in Beziehungen zu Männern. Mein Selbst-Muskeltest ist mir dabei eine große Hilfe, ich kann mir keine bessere Möglichkeit vorstellen.

7. Januar

So beschäftige ich mich während unseres Urlaubs mit Themen rund um meine Weiblichkeit und kann die Tage mehr und mehr genießen. Obwohl heute das Tal wegen Lawinengefahr gesperrt ist und es unklar ist, ob wir morgen nach Hause fahren können, bleibe ich ganz entspannt. Am 9. Januar stehen zwar drei Arzttermine an: ein zweiter Frauenarzttermin, bei dem es mir um eine Zweitmeinung geht; der Termin mit dem Chirurgen; das Gespräch mit meiner Allgemeinärztin. Aber ich denke: »Wenn es nicht übermorgen ist, dann halt ein bisschen später.«

8. Januar

Wir fahren heimwärts. Am Abend rufe ich meine Tochter an und erzähle ihr von meinen Erlebnissen mit meiner Frauenärztin. Sie meint: »Das alles ist kein Grund zur Beunruhigung. Es gibt keine aussagekräftige Diagnose und keinen Hinweis darauf, dass du Krebs hast.« Davon bin ich mittlerweile auch fest überzeugt.

9. Januar

Trotzdem bin ich vor dem Termin mit dem zweiten Frauenarzt aufgeregt. Er untersucht mich genau und meint am Ende: »Das sieht eher wie ein Sturm im Wasserglas aus. Die Zyste ist nicht durchblutet und sehr gut beweglich.«
Ich atme auf.
Dann rät er: »Lassen Sie sich auf jeden Fall auch den zweiten Eierstock entfernen.«
Auf meine Nachfrage, warum das nötig sei, unkt er: »Die Eierstöcke haben bei Ihnen keine Funktion mehr. In zwei Jahren sind Sie wieder mit einer Zyste hier. Es dauert nur zwei Minuten länger.«
Jetzt höre ich auf, ihm zu vertrauen.
Das Argument von den nutzlosen Eierstöcken, wenn eine Frau keine Kinder mehr bekommen kann, legt mir zwei Stunden später auch der klinische Frauenarzt dar. Zum Glück bin ich darauf vorbereitet. Ich muss lange mit ihm debattieren,

bis er zustimmt, dass ich meinen zweiten Eierstock behalten kann, wenn er gesund ist. Daraufhin mache ich einen Operationstermin aus.

An diesem Abend teste ich verschiedene Aussagen ab:
»Mein linker Eierstock ist gesund.« – Die Antwort: Ja.
»Es ist in meinem höchsten und besten Interesse, meinen rechten Eierstock operativ entfernen zu lassen.« – Ja.
»Es ist in meinem höchsten und besten Interesse, den linken Eierstock zu behalten.« – Ja.
»Die Klinik in XY ist der beste Ort, um mich operieren zu lassen.« – Ja.
»Es gibt noch andere Methoden, um die Zyste zu integrieren.« – Ja.
»Sie sind für mich besser als die Operation.« – Nein.

Nach nochmaligen Gesprächen mit meinem Partner und meiner Tochter entschließe ich mich endgültig für die Operation und für das Krankenhaus.
In den nächsten Tagen bin ich noch ab und zu mit der Operation beschäftigt, aber mehr in organisatorischer Hinsicht. Ich habe ein gutes Gefühl, den richtigen Weg zu begehen. Ich habe geklärt, unter welchen Bedingungen die Operation stattfinden wird. Ich fühle mich nicht ausgeliefert, sondern als diejenige, die die Entscheidungen bewusst getroffen hat. Dabei hat mir der Muskeltest – vor allem der Selbsttest – sehr geholfen.

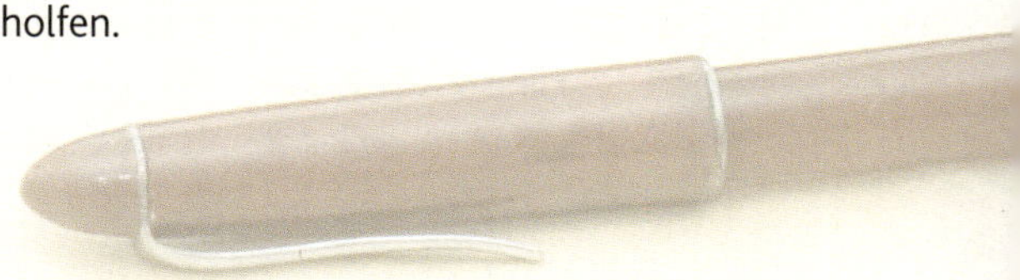

Aus heutiger Sicht, nachdem alles vorbei und genau so gelaufen ist, wie ich es mir vorgestellt und gewünscht habe, sage ich: Durch die Diagnose meiner Frauenärztin fühlte ich mich überwältigt, hilflos und ausgeliefert. Davon konnte ich mich immer weiter distanzieren, indem ich die Beziehung zu meinem Körperwissen aufgebaut und intensiviert habe. Am Anfang noch unsicher, aber mit der Zeit immer klarer, hörte ich die Botschaft: »Ich bin gesund.« Natürlich wurde ich durch meine Mitmenschen unterstützt. Aber entscheidend sind die Zeiten, in denen ich mit mir alleine war; in denen ich mit meiner Angst gerungen habe, im Lift, beim Spazierengehen im Schnee, wenn ich nachts wach lag. Und da war der Selbst-Muskeltest, dem ich vertraute und der immer gleich ausfiel – das Beste, was ich mir vorstellen kann.

Der Selbst-Muskeltest

Bewusste und unterbewusste Wahrnehmung

Warum überhaupt mit dem Selbst-Muskeltest arbeiten?
Wir alle wissen, dass es ein großer Unterschied ist, ob wir etwas meinen oder behaupten – oder ob wir es tatsächlich leben. Unser bewusstes Wollen ist das *eine*, unsere meist unterbewusst gesteuerten Handlungen sind das *andere*.
Dr. Bruce Lipton hat in seinem Buch »Intelligente Zellen« aufgezeigt, dass unsere bewusste Wahrnehmung nur ca. 5 Prozent all dessen ausmacht, was wir wahrnehmen. 95 Prozent unserer Wahrnehmung finden also unter einem Grauschleier verdeckt statt; das bedeutet, dass die Signale, die unsere Nervenzellen über die Netzwerke registrieren, nicht ins Bewusstsein dringen. Oder spürst du, dass deine Hypophyse gerade stimulierende Hormone ausschüttet?
Unser Unterbewusstsein sortiert aus, und das ist gut so. Nur das wirklich Wichtige erscheint auf der Bildfläche des Bewusstseins. Wir entscheiden uns beim Autofahren nicht andauernd bewusst fürs Bremsen, Gasgeben, Kuppeln und Betätigen des Blinkers. Wir entscheiden uns auch nicht für jeden Atemzug; dafür sorgt unser Körper auf wundervolle Weise.

Mut haben

Gibt es allerdings einen Konflikt zwischen den verinnerlichten Überzeugungen und unserer Körperwahrheit, dann kann uns der Selbst-Muskeltest dienen. Wir haben durch ihn die Möglichkeit, unserer eigenen subjektiven Wahrheit »ins Gesicht zu schauen«: Befürworten wir nur etwas, weil es allgemein als »korrekt« gilt, oder stehen wir voll dahinter, weil es auch gut für uns ist? Drückt sich unsere Meinung auch in unserem Leben aus? Wenn wir das wissen wollen, brauchen wir nur unser Leben anzuschauen. Und falls uns das, was wir sehen, irritiert, haben wir die Möglichkeit, unsere Wahrheit zu testen. Ein paar Beispiele:
Ich liebe mich – ja oder nein?
Ich hasse mich – ja oder nein?
Ich will leben – ja oder nein?
Ich vergebe mir – ja oder nein?

Es ist eine Frage des Mutes, der eigenen Wahrheit ins Gesicht zu schauen. Unehrlichkeit mir selbst gegenüber schwächt oder zerreißt mich. Dagegen stärkt es mich, meine Wahrheit zu erkennen, selbst wenn sie zuerst unangenehm ist.

Wir gehen mit einer Haltung von Neugier – und gleichzeitig auch Vergebung gegenüber uns selbst – an den Selbsttest heran. Es ist nicht angenehm, die Aussage »Ich liebe mich« zu testen und darauf von seinem Unterbewussten ein »Nein« zu erhalten. Nichtsdestoweniger ist es gut, dies zu entdecken. Denn solange unser Bewusstsein diese Tatsache verschleiert und sich ein »Natürlich liebe ich mich!« vorgaukelt, können wir sie nicht ändern.

Mutig der persönlichen Wahrheit ins Gesicht zu schauen bedeutet auch, die eigene Integrität und Kraft in der Welt zu stärken. Ich weiß besser, wer ich bin und was ich fühle. Wenn ich meine Schwächen kenne und mich zu ihnen bekenne, fördert dies Demut und Vergebung – mir und anderen gegenüber. Ich kann mich auch besser in andere einfühlen.

»Mitgefühl ist das Tor zur Gnade, und von dort erkennen wir endlich, wer wir sind und weshalb wir hier sind und was die ursprüngliche Quelle aller Existenz ist.«
(David R. Hawkins: Die Ebenen des Bewußtseins)

Was geschieht beim Muskeltest?

Die Kinesiologie hat ans Licht gebracht, dass das unterbewusste Denken sich über den Körper ausdrückt. In mehr als zwanzigjähriger Forschungsarbeit untersuchte David Hawkins die Validität und Nachvollziehbarkeit der kinesiologischen Muskeltests.
Die Entdeckung, dass Muskeln sofort schwach reagieren, wenn der Körper einem schädlichen Reiz ausgesetzt ist, bietet eine eindrucksvolle Demonstration. Im gleichen Maß gilt jedoch auch, dass Substanzen, die für den Körper heilsam sind, eine starke Reaktion der Muskeln zur Folge haben.

Während die Kinesiologie von der konventionellen Schulmedizin nie aufgegriffen wurde, setzen ganzheitliche Ärzte und Heilpraktiker sie immer häufiger ein. Mittlerweile wird zum Beispiel die Osteopathie – begründet von Andrew Still und weiterentwickelt von dessen Schüler William Sutherland – in Deutschland als Heilmethode anerkannt und die Kosten für die Anwendung werden von einigen Krankenkassen zumindest teilweise bezahlt.

Der Muskeltest wird dabei immer von einer Person – dem Heilpraktiker, Arzt oder Physiotherapeuten – bei einer anderen Person durchgeführt. Meistens testet man den Deltamuskel des Arms. Es können aber auch alle anderen Muskeln, z.B. die des Unterarmes, der Finger oder des Beines, benutzt werden.

Der Muskeltest gründet physiologisch auf folgender Tatsache: Wir steuern unsere Muskeln einerseits bewusst mit dem willkürlichen Nervensystem; normalerweise gehorchen sie unserem Verstand. Die zweite Möglichkeit, unsere Muskeln zu steuern, hat unser Körper dank des unwillkürlichen bzw. vegetativen Nervensystems: Es reagiert automatisch und somit weit schneller, da es in Stress- und Gefahrensituationen unser Überleben sichert.

»Sobald die Wahrnehmungssysteme des Menschen aus verschiedenem Anlass auf Alarm gehen, unterbricht das willkürliche Nervensystem für einen Augenblick die Kontrolle über die Muskelfunktion, um die schnellere autonome Reaktion

nicht zu verhindern. Wir kennen das von einfacheren Reflexen (z.B. die Hand von der heißen Herdplatte wegzuziehen) ebenso wie von angelernten, verinnerlichten Abläufen, wie das Bremsen beim Autofahren, bevor wir überhaupt ›wissen‹, warum der Fuß auf der Bremse steht.«
(Dr. Christa Keding: Die wundersame Welt des Muskeltestes)

Diese Entkoppelung dauert nur wenige Millisekunden, doch sie genügen, um das »Einrasten« des Muskels zu verhindern, der dann auf Druck schwach reagiert.

Unser Unterbewusstsein hat eine weit größere Kapazität, Informationen zu sammeln und Gefahren zu erkennen, als unser Bewusstsein. Schon bei der bloßen Vorstellung einer stressigen Situation ist es alarmiert. Alle Muskeln reagieren gleichzeitig, wenn Gefahr im Verzug ist, und lassen der automatischen Reaktion den Vorrang. Deshalb testen wir dann schwach. Auch wenn wir lügen, stresst das unser System. Deshalb können wir nicht einfach behaupten, wir würden einen anderen Namen tragen als den, mit dem wir uns identifizieren. All das wird durch die feine Muskelreaktion deutlich.

Mittlerweile dient der kinesiologische Muskeltest nicht nur als Instrument, um die »Körperwahrheit« hinsichtlich unserer physischen Gesundheit aufzudecken. Einige Methoden nutzen den kinesiologischen Muskeltest auch, um unterbewusste Überzeugungen festzustellen. In der Literatur zu diesen Methoden ist der Muskeltest, der zu zweit ausgeführt wird, ausführlich beschrieben (z.B. Rob Williams: PSYCH-K).

Entscheidungen vollkommen bewusst treffen

Mit dem Selbst-Muskeltest kann ich Entscheidungen fundiert treffen. Ich entscheide nicht aus dem Verstand heraus, sondern beziehe meine Körperweisheit mit ein. Damit ist diese Entscheidung sehr viel vollständiger und ganzheitlicher. Sowohl das Bewusstsein als auch das Unterbewusstsein sind in die Entscheidung eingebunden. So kann ich in vielen Situationen schnell entscheiden: beim Einkaufen, beim Auswählen eines Gerichtes im Restaurant usw. – oder ob es angemessen ist, im Moment ein bestimmtes Thema anzusprechen.

Wenn es um mehr geht, als das köstlichste Essen auszutesten, das heißt, wenn das Thema wichtig oder tiefgreifend ist, beziehe ich auch mein höheres Selbst mit ein. Ich teste dann zusätzlich: »Es ist sicher und angemessen, jetzt diese Aussage zu testen.«
Damit erreiche ich mit dem Selbst-Muskeltest drei Ebenen:

- mein höheres Selbst
- mein Bewusstsein
- mein Unterbewusstsein

Das Ergebnis wird demzufolge weit fundierter sein als eine Solo-Entscheidung meines bewussten Verstandes.

Am Ende dieses Buches beschreibe ich eine Möglichkeit, die es uns erlaubt, Stress innerhalb kurzer Zeit in Gelassenheit und Ruhe umzuwandeln. Nicht immer ist ein Partner zur Stelle, wenn ich diese Techniken nutzen will; vielleicht habe ich in einer Situation Stress, in der ich alleine klarkommen muss; oder ich will gerade mit niemandem darüber reden. Der Selbst-Muskeltest stellt jene, die ihm vertrauen, in ihre eigene Kraft. Ich kann Entscheidungen treffen oder meinen Zustand verändern, ohne auf die Hilfe eines Partners angewiesen zu sein.

Meine Erfahrung zeigt, dass die Beherrschung des Selbst-Muskeltestes ein Schatz ist. Um ihm zu vertrauen, braucht man zunächst Zeit, ihn zu üben. Wir haben es weder gelernt noch geübt, unsere unterbewusste Wahrheit, unsere tiefsitzenden Überzeugungen zu entdecken.
Jene Nervenzellen, die sich durch das Nutzen des Selbsttestes zu stabilen, größer werdenden Netzwerken zusammenschließen und Signale ans Gehirn senden, haben nur wenige unterstützende Synapsen. Aber je mehr wir trainieren und je breiter unser Wahrnehmungsspektrum und unsere Erfahrung werden, desto besser klappt es.
Ich habe ungefähr sechs Monate gebraucht, um mir beim Selbsttesten zu vertrauen. In dieser Zeit bat ich eine zweite Person, besonders wichtige Themen mit mir nachzutesten. Das ist eine gute Hilfe in der Übergangsphase. Mittlerweile sehe ich in meinen Workshops, wie immer mehr Menschen sehr schnell den Selbsttest lernen und sich auf ihn verlassen können. Er unterstützt uns darin, die Wahrnehmung unseres Körpers zu schulen.

Wir alle kennen Vorstellungen, die von außen an uns herangetragen werden und denen wir uns beugen. Will uns z.B. ein eifriger Gastgeber zu einem weiteren Nachschlag drängen, können wir mit den Fingern unter dem Tisch testen: »Es ist jetzt am besten für mich, mit dem Essen aufzuhören«, oder einfach: »Ich bin satt.« Ein »Ja« gibt uns vielleicht die Kraft, die nächste Portion abzulehnen.

Durch das Vertrauen in den Selbsttest kommen wir immer mehr in unsere eigene Kraft. Wir spüren den Vorgängen in unserem Körper nach und erfahren mehr darüber, was für uns gut ist und was nicht. In Situationen, in denen wir eigenen starken Emotionen oder denen anderer Menschen ausgesetzt sind, kann uns der Selbsttest helfen, uns auf uns selbst zu besinnen. Ich wurde von den Emotionen meiner Frauenärztin überschwemmt, ohne etwas dagegensetzen zu können, weil es so unerwartet kam. Mein Vertrauen in den Selbst-Muskeltest war in diesem Fall gleichsam die Erste Hilfe und Rettung.

Natürlich besteht das Ziel darin, auf den Selbsttest ganz verzichten zu können. Optimal wäre es, unmittelbar zu spüren, ob eine Situation, ein Satz, ein Essen mir dient oder nicht, und dann entsprechend zu handeln. Das gelingt mir immer öfter. Für die Augenblicke, in denen das nicht der Fall ist – und vor allem wenn ich den Stress in meinem System reduzieren will –, greife ich vertrauensvoll auf den Selbst-Muskeltest zurück.

Vorgehen beim Selbst-Muskeltest

Im Gegensatz zur landläufigen Regel habe ich die Erfahrung gemacht, dass es nicht wichtig ist, ob man beim Testen Schmuck, einen Gürtel oder sonstiges Metall am Körper trägt. Du musst also nichts ablegen.

Die Formulierung der zu testenden Aussage

Ich sage bewusst: »... der zu testenden Aussage«, denn wir können mit dem kinesiologischen Muskeltest keine Fragen beantworten. Wir eichen unser Körperbewusstsein auf eine »Ja«- oder »Nein«-Antwort. Unser Muskel reagiert stark, wenn etwas für unser System angenehm ist, und schwach, wenn etwas für uns unangenehm ist. Ist etwas für unsere unterbewusste Wahrnehmung wahr, dann erfolgt eine starke Muskelreaktion. Ist etwas unwahr, testet der Muskel schwach.

Teste ich also die Aussage: »Ich heiße Brunhild«, dann erhalte ich eine starke Reaktion. Teste ich, Brunhild Hofmann, die Aussage: »Ich heiße Karl«, fällt meine Muskelreaktion schwach aus. Stelle ich jedoch die Frage: »Heiße ich Brunhild?«, dann ist die starke Reaktion eine unvollkommene Antwort. Ich heiße mit Nachnamen Hofmann und habe einen zweiten Vornamen, nämlich Erika.

Dieses einfache Beispiel zeigt, dass die Antwort auf eine gestellte Frage sehr differenziert sein kann. Es gibt viele Möglichkeiten, zu antworten. Die Muskelreaktion wird eventuell schwächer ausfallen, das Ergebnis kann widersprüchlich sein.

Stell dir vor, du würdest nicht nach deinem Namen fragen, sondern nach deinem Befinden. Die entsprechende Aussage wäre: »Ich fühle mich wohl.« Hier gibt es eine klare »Ja«- oder »Nein«–Reaktion.

Teste Aussagen ab, keine Fragen.

Fragst du aber: »Fühle ich mich wohl?«, wirst du beim Hineinspüren merken, dass du von Gedanken überschwemmt wirst, die Gefühle nach sich ziehen. Eine Frage aktiviert sofort unser Denken! »Soll ich mich wohlfühlen? Darf ich mich wohlfühlen? Kann ich mich wohlfühlen, nach all dem, was gestern passiert ist ...?«
Der große Vorteil, Aussagen (ohne Fragencharakter) abzutesten, liegt darin, dass unser Unterbewusstsein und unser Muskel sofort und klar reagieren, ohne dass sich unser Denken in verschiedene Richtungen bewegt. So bekommen wir eine ehrliche Antwort.

Formuliere Aussagen positiv.
Vermeide »nicht«, »kein«, »un-« ...

Weiterhin ist es wichtig, die Aussage positiv zu formulieren, also auf »nicht«, »kein«, »un-« usw. zu verzichten. Unser Unterbewusstsein ignoriert ein »nicht« – was katastrophale Folgen haben kann.
Den Satz »Ich liebe es, nicht mehr allein zu sein«, missversteht unser Unterbewusstsein, weil es nun erst recht Bilder des Alleinseins vor sich hat. Besser wäre die Aussage: »Ich liebe es, mit meinem Partner zusammen zu sein.«

Wollen wir unser Leben mit Schönem bereichern, sollten wir unsere Gedanken und Worte darauf ausrichten, was wir wollen, statt darauf, was wir nicht wollen.

Die Blickrichtung der Augen

Wir nehmen durch unsere fünf Sinne wahr: durch Sehen und Hören, Riechen, Schmecken und Tasten. Wir wissen dank der Erkenntnisse des NLP (Neurolinguistisches Programmieren): Die Aktivierung eines Sinnes entspricht der Richtung, in die wir mit unseren Augen blicken.
Schauen wir nach oben, wird unsere visuelle Wahrnehmung angeregt. Blicken wir nach oben links, erinnern wir uns an Bilder aus der Vergangenheit. Schauen wir nach oben rechts, konstruieren wir Bilder oder stellen uns Zukünftiges vor.
Ist unser Blick geradeaus gerichtet, nehmen wir im Moment verstärkt auditiv wahr, also mit dem Hörsinn. Und ist unser Blick nach unten gerichtet, fühlen wir oder spüren dem nach, was in unserem Körper vorgeht; wir sind in unserem Bauchgefühl, die kinästhetische Wahrnehmung ist aktiv.

Für ein wahres, verlässliches Ergebnis ist die Blickrichtung beim Muskeltest entscheidend.

Es ist entscheidend für ein valides Ergebnis des kinesiologischen Muskeltestes, wohin wir schauen! Wir wollen unsere unterbewusste Wahrnehmung testen, nicht unsere gedanklichen Bilder!

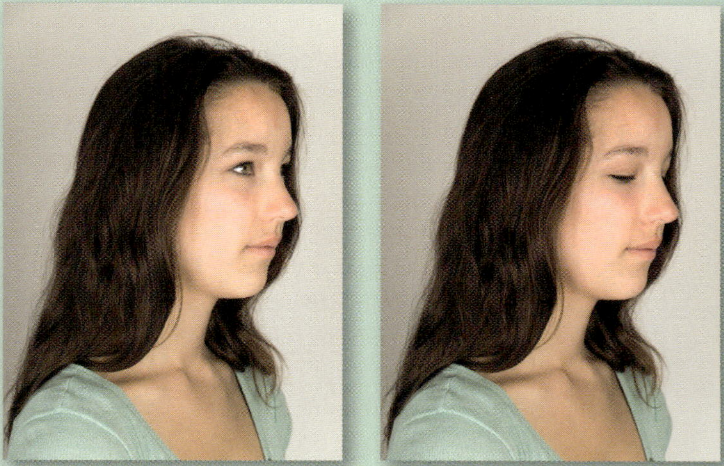

Beim Muskeltest nicht den Blick geradeaus richten (Abb. links), sondern mit geöffneten Augen im 45-Grad-Winkel vor sich auf den Boden blicken (rechts).

Übung:

Schau nach oben und stell dir Kaiser Karl den Großen auf seinem Thron vor. Sprich dabei aus: »Ich bin Kaiser Karl der Große«, und teste dich dann oder lass dich testen. Fazit: Du wirst »Ja« testen!

Jetzt ändere deine Blickrichtung, schau ungefähr 1 bis 2 Meter geradeaus vor dir auf den Boden und sprich aus: »Ich bin Kaiser Karl der Große.« Du wirst »Nein« testen, und dein Bauchgefühl wird dir vielleicht schon beim Aussprechen signalisieren, dass die Aussage nicht wahr ist.

Viele Irritationen beim Muskeltesten rühren daher, dass nicht auf die Blickrichtung der Augen geachtet wird und daher unterschiedliche oder falsche Ergebnisse die Folge sind. Das ist tatsächlich eine Herausforderung, wenn ich mich selbst teste. Beim Testen zu zweit kann mein Partner darauf achten, dass ich vor mich auf den Boden schaue. Teste ich mich selbst, vielleicht sogar im Liegen, ist es wichtig, dass ich meine Gedanken und Augen nicht schweifen lasse, sondern den Winkel von cirka 45 Grad einhalte, mit dem ich auch im Stehen teste.
Außerdem gilt: Die Augen offen lassen! Mit geschlossenen Augen läufst du Gefahr, innere Bilder abzutesten.

Die Aussage laut aussprechen

Für deine Körperwahrnehmung ist es ein gewaltiger Unterschied, ob du denkst: »Ich liebe mich«, oder ob du den Satz laut und mit Überzeugung aussprichst. Dein Gehör nimmt wahr, wie der Satz klingt; dein Körper realisiert, ob du die Wahrheit sprichst oder nicht. Das Ergebnis des Testes wird klarer ausfallen.

> Sprich die Aussage laut und mit Überzeugung aus.

Später, wenn du im Selbsttesten erfahren bist, kannst du die Aussage auch nur denken. Aber sobald ich mir nur im Geringsten unsicher bin, nehme ich mir den Raum, um die Aussage laut und mit Überzeugung auszusprechen.

Die Eichung

Um eine beliebige Aussage testen zu können, musst du dein System geeicht haben. Das bedeutet, dass du sicher weißt, wenn dein Körperbewusstsein mit »Ja« oder mit »Nein« antwortet. Dafür sind folgende sechs Schritte sinnvoll. Wende sie bei einer der elf Selbsttest-Varianten (siehe S. 41 ff.) oder bei einem anderen Selbsttest an, dem du vertraust.

① Ich stelle mir etwas Angenehmes vor.
Ich denke: »Halten«.
Ich teste stark – mein System sagt: »Ja.«

↓

② Ich stelle mir etwas Unangenehmes vor.
Ich denke: »Halten«.
Ich teste schwach – mein System sagt: »Nein.«

↓

③ Ich sage: »Ich heiße Brunhild« (wahrer Name).
Ich denke: »Halten«.
Stark – ja!

↓

④ Ich sage: »Ich heiße Peter« (unwahrer Name).
Ich denke: »Halten«.
Schwach – nein!

↓

⑤ Ich denke: »Ja.«
Ich denke: »Halten«.
Stark!

↓

⑥ Ich denke: »Nein.«
Ich denke: »Halten«.
Schwach!

Das Ergebnis dieser sechs Muskeltests soll sein, dass ich genau weiß:

- Das ist eine starke Reaktion, also ein »Ja«.
- Das ist eine schwache Reaktion, also ein »Nein«.

Erst dann ist die Eichung erfolgt.

Jetzt stelle ich sicher, dass mein höheres Selbst in diesen Prozess einbezogen wird. Ich teste:

> »Es ist in meinem höchsten und besten Interesse, jetzt folgende Aussagen abzutesten.«

Ein »Nein« bedeutet hier, dass ich gegen meine höchsten Interessen handle: Demnach werde ich wahrscheinlich gerade kein valides Ergebnis erhalten und sollte den Test abbrechen. Nur wenn ich ein »Ja« erhalte, fahre ich fort.

Nun kannst du jede beliebige Aussage testen, z.B.: »Es ist in meinem höchsten Interesse, jetzt an diesem Buch zu schreiben.«
Würde ich daraufhin ein »Nein« erhalten, so würde ich aufstehen und eine Schreibpause einlegen.

Als ich mit dem Muskeltesten begann, dachte ich, es wäre leicht für mich, den Test jederzeit zu steuern und zu beeinflussen. Aber zu meiner Verblüffung war das Gegenteil der Fall, und so ist es bis heute. Ich kann meinen Arm leicht halten, wenn ich mir etwas Angenehmes vorstelle. Stelle ich mir etwas Unangenehmes vor und spüre ich tatsächlich dieses Gefühl, fällt der Test schwach aus; er sagt mir also: »Nein.«
Das Gleiche passiert, wenn ich sage: »Ich heiße Hans.« Da ich Brunhild heiße und mein Unterbewusstsein das auch weiß, bringe ich mein System in Konflikt: Ich bin nicht in der Lage, meinen Muskel auf die Aufforderung »Sei stark« gegen leichten Druck zu halten. Sage ich: »Ich heiße Brunhild«, ist das gar kein Problem.
Wie oft habe ich dieses Spiel schon gespielt! Wie oft habe ich am Anfang meiner Reise mit dem Muskeltest ausgesprochen: »Ich heiße XY«, und mit aller Kraft versucht, zu halten. Es klappt einfach nicht.

Diese anfängliche Einführung ins Muskeltesten führt bei vielen Menschen schon zum Staunen: Wie kann es möglich sein, dass ich etwas so Einfaches, das ich bewusst will, nicht durchführen kann? Die Antwort lautet: Dein bewusster Verstand ist wie eine Taube, die an einen Zug gebunden ist. Die

Taube will in die entgegengesetzte Richtung fliegen – doch wer wird wohl gewinnen?

Somit haben wir durch die Eichung eine klare »Ja«- und »Nein«-Kommunikation aufgebaut.

Bevor du ins Testen einsteigst, ist folgende innere Ausrichtung wichtig: Eine starke Reaktion bedeutet immer ein »Ja«, eine schwache Reaktion bedeutet immer ein »Nein«. Es gibt kinesiologische Verfahren, die diese Reaktionen genau umgekehrt definieren.
Mein Verständnis des Muskeltestes ist es allerdings, dass mein Körper auf das, was richtig und wahr ist, mit Stärke reagiert, also »Ja« dazu sagt, und auf das, was ihn schwächt, mit »Nein« antwortet.

(Solltest du Schwierigkeiten bei der Eichung haben, beachte besonders die Tipps auf S. 56 ff.)

Elf Möglichkeiten, sich selbst zu testen

Nach meiner Erfahrung fallen bestimmte Selbst-Muskeltests bei den einen Menschen sehr vertrauenswürdig und aussagekräftig aus, doch bei den anderen nicht. Auch ich habe klare Vorlieben. Jeder muss den Muskeltest finden, der für ihn am besten funktioniert und dem er am meisten vertraut.
Um eine Bandbreite zu bieten, beschreibe ich elf verschiedene Muskeltests.

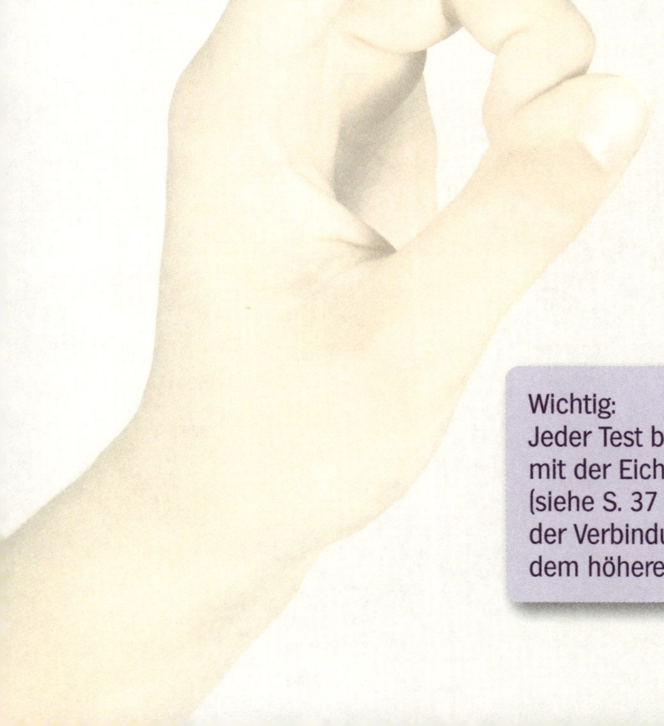

> Wichtig:
> Jeder Test beginnt mit der Eichung (siehe S. 37 ff.) und der Verbindung mit dem höheren Selbst!

Ein gestreckter Arm drückt den anderen nach unten

Dieser Selbst-Muskeltest lieferte mir als Erster eine klare Aussage.
Ich lege den rechten Unterarm über den linken Unterarm. Jetzt blicke ich im 45-Grad-Winkel vor mich auf den Boden und stelle mir etwas Schönes vor. Ich spüre in mich hinein und sage zu mir: »Halten!« Dann versuche ich, mit dem rechten Arm den linken Arm nach unten zu drücken. Bei der Vorstellung von etwas Schönem sollte das nicht gelingen; die Reaktion ist stark, also ein »Ja«.

Stelle ich mir anschließend etwas Unangenehmes vor, z.B. dass ich in Hundekot getreten bin, dann sollten sich meine beiden Arme nach unten bewegen, also eine schwache Reaktion zeigen.

Übrigens funktioniert dieser Selbsttest bei mir nur, wie genau hier beschrieben: Der rechte Unterarm muss über dem linken liegen. Lege ich den linken Unterarm über den rechten, kann ich meinen rechten Arm immer abwärts drücken. Die Eichung funktioniert nicht. Entscheidend war für mich allerdings, dass ich der Variante »Rechts über links« klar vertrauen konnte. Ich fand sie so schön »grobmotorisch«.

Das angewinkelte Bein anheben und mit der Hand nach unten drücken

Mit der Hand im Sitzen das angewinkelte Bein vom Boden abheben, die Hand auf den Oberschenkel oder das Knie legen und nach unten drücken. Bei »Ja« bleibt mein Bein oben, bei »Nein« berührt mein Fuß wieder den Boden.

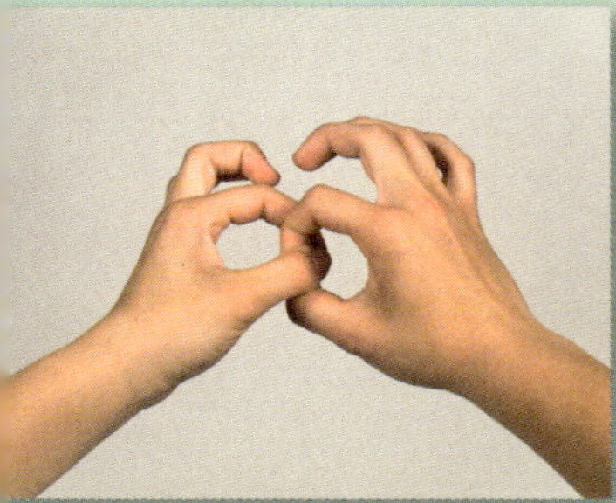

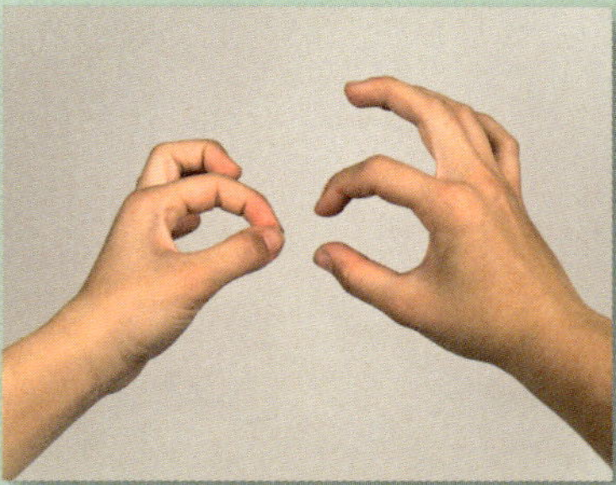

Zwei Ringe

Ich bilde mit Daumen und Zeigefinger jeder Hand einen Ring und verschränke nun die beiden Ringe ineinander wie Kettenglieder. Dann ziehe ich die beiden Ringe »mit Schmackes« auseinander. Trennen sich die beiden Ringe nicht, so signalisiert dies ein »Ja«. Öffnet sich ein Fingerring und lässt den anderen frei, lautet die Antwort: »Nein.«

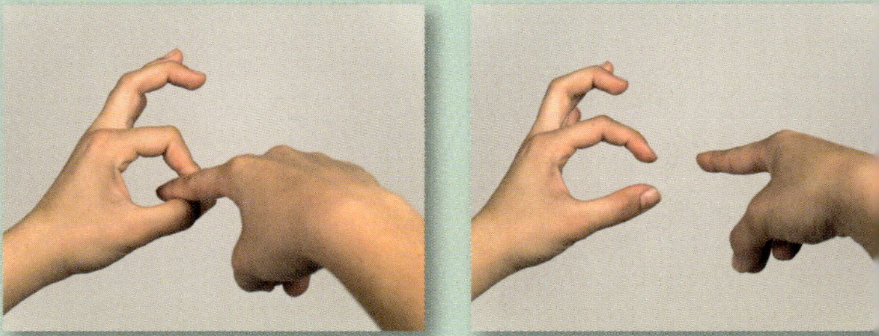

Ring und Finger

Eine Variante des vorigen Selbsttestes ist es, den Zeigefinger der einen Hand in den von der anderen Hand gebildeten Ring zu haken und mit dem Zeigefinger ebenfalls energisch den Ring zu öffnen. Gelingt dies, teste ich schwach; bleibt der Ring aus Daumen und Zeigefinger geschlossen, teste ich stark.

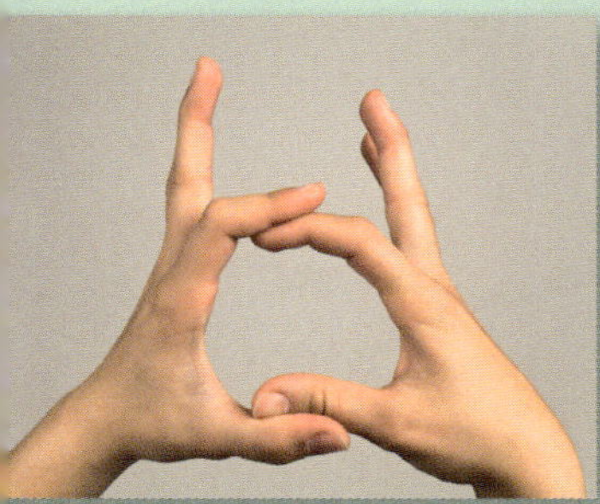

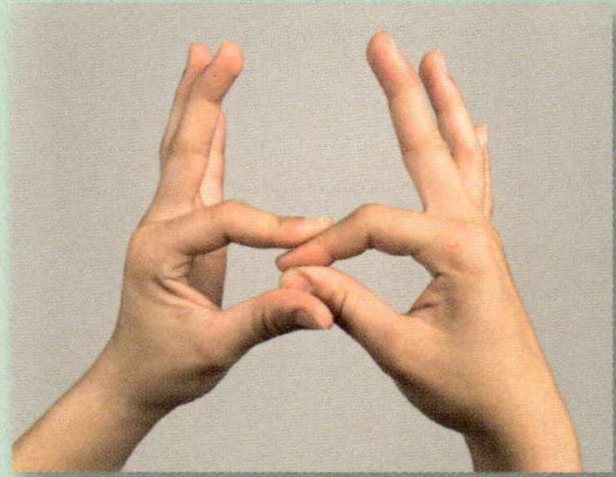

Das »O«

Die beiden Daumen und die beiden Zeigefinger im Fingernagelbereich zusammenführen, damit eine Art großes »O« entsteht. Dann mit der außen liegenden »Zange« von Zeigefinger und Daumen den dazwischenliegenden Zeigefinger und Daumen der anderen Hand zusammenpressen. Lässt sich das »O« zusammendrücken, so ist das ein »Nein«, bleibt es erhalten, lautet die Antwort: »Ja.«
Interessanterweise funktioniert dieser Muskeltest bei mir nur, wenn ich Zeigefinger und Daumen der rechten Hand über jene der linken Hand lege und damit drücke. Umgekehrt erhalte ich kein zuverlässiges Testergebnis.

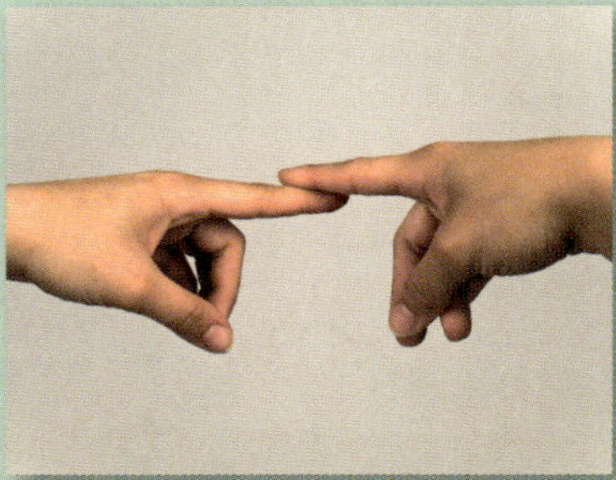

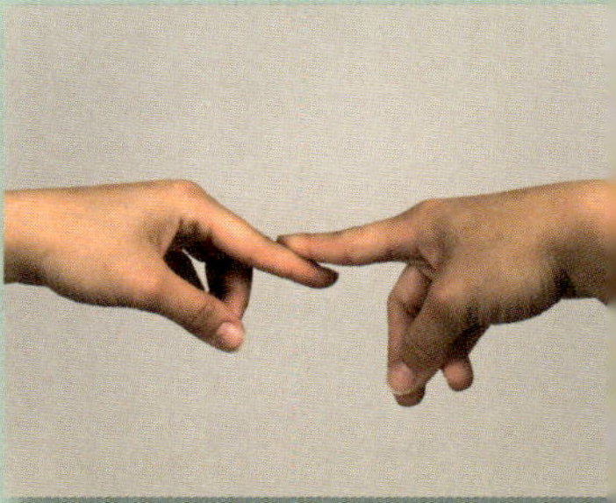

Den Zeigefinger hinunterdrücken

Den Zeigefinger ausstrecken und mit dem anderen Zeigefinger am vorderen Gelenk abwärtsdrücken. (Hier kann man sich vorstellen, dass der Zeigefinger dem ausgestreckten Arm entspricht.) Bleibt der Finger oben, so ist das Ergebnis ein »Ja«; geht er nach unten, signalisiert dies ein »Nein«.

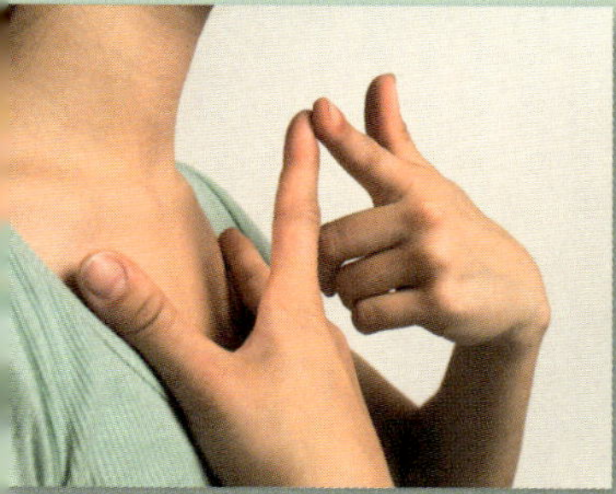

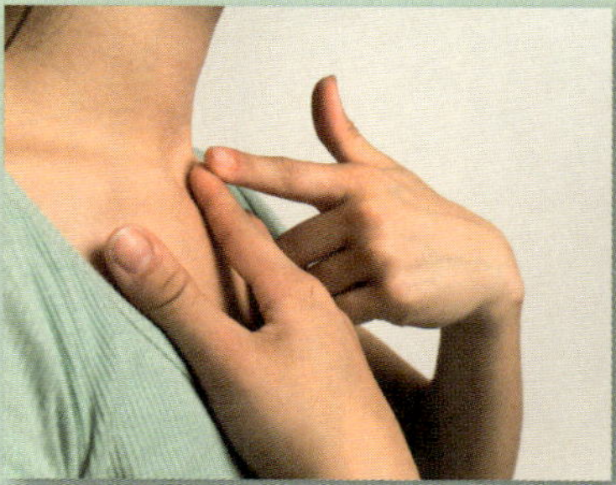

Die Hand auflegen und einen abgespreizten Finger drücken

Ich lege meine Hand auf den Körper – manche Menschen legen sie vorzugsweise auf ihren Brustkorb, über ihr Herz –, spreize meinen Mittel- oder meinen Zeigefinger ab und drücke den Finger mit einem Finger meiner anderen Hand nach unten. Bleibt er oben, ist meine Antwort ein »Ja«, kann ich ihn niederdrücken, lautet die Antwort: »Nein.«

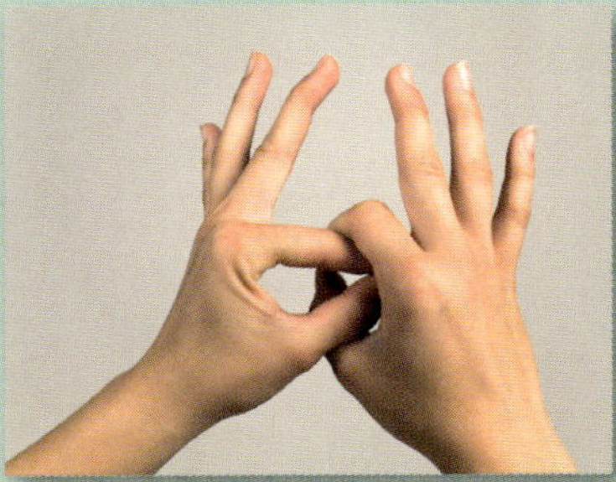

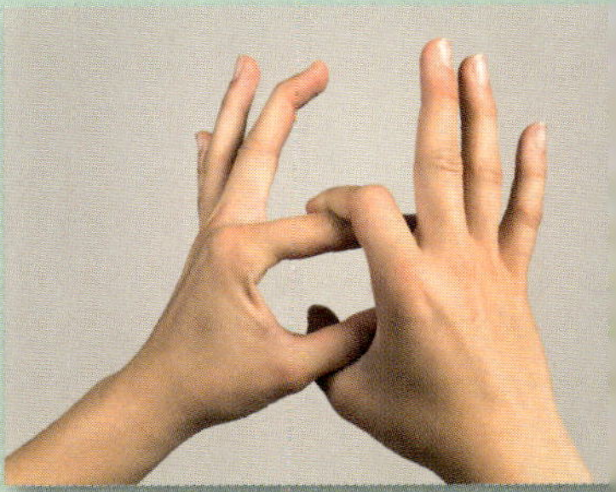

Den Ring öffnen

Ich bilde mit Daumen und Zeigefinger einen Ring, führe den Daumen und Zeigefinger der anderen Hand durch den Ring und versuche ihn zu öffnen, indem ich ihn auseinanderdrücke.

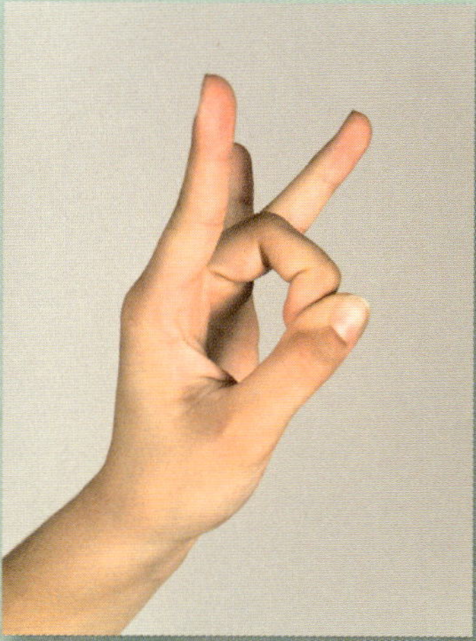

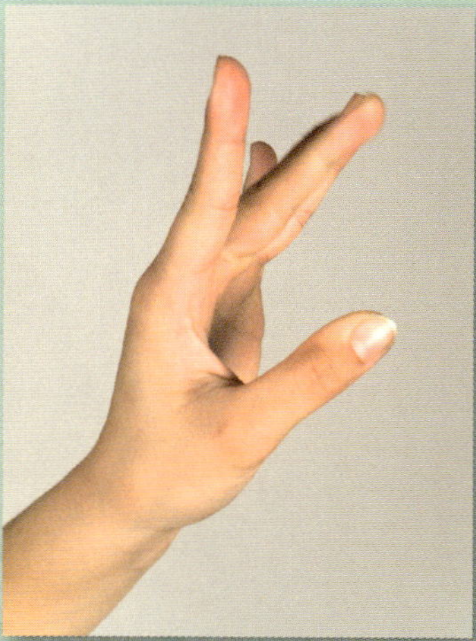

Schnalzen

Ich lege meinen Mittel- oder Zeigefinger in die Kerbe, die der angewinkelte Daumen derselben Hand bildet; die Finger formen also einen (teilweise überlappenden) Ring. Jetzt lasse ich meinen Mittel- oder Zeigfinger »schnalzen«, das heißt, ich drücke den Fingernagel mit Kraft gegen den Daumen. Öffnet sich die Hand, so weist das auf ein »Nein« hin – ein schwacher Muskeltest. Bleibt der Ring geschlossen, so ist das eine starke Reaktion; der Muskel bleibt stark und signalisiert ein »Ja«.
Dies ist ein wunderbarer Muskeltest. Du brauchst nur eine Hand dazu und kannst ihn (fast) überall ausführen – natürlich nicht, wenn du z.B. auf den Straßenverkehr achten musst.

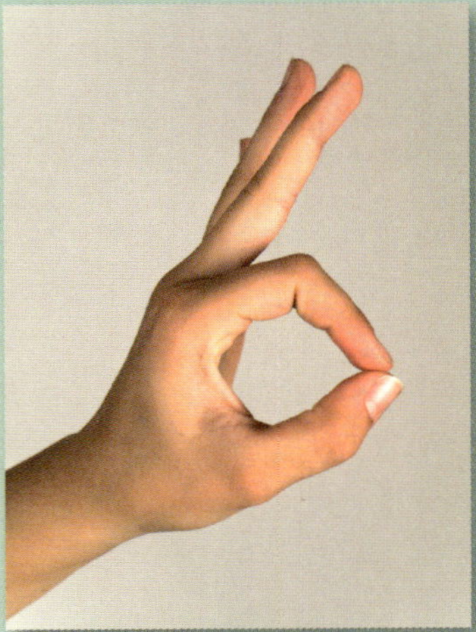

Daumen und Zeigefinger kreiseln

Lege Daumen und Zeigefinger sanft aufeinander und lass sie kreiseln. Dieser Muskeltest basiert auf der Veränderung des Hautwiderstandes, wenn ich etwas ausspreche oder denke, das für mich wahr ist. Der von FBI und CIA benutzte Polygraf, der dazu dient, die Vertrauenswürdigkeit von Personen zu beurteilen, und der umgangssprachlich »Lügendetektor« genannt wird, basiert unter anderem auch auf diesem Prinzip. Wenn ich sage: »Ich heiße Brunhild«, dann dreht sich mein Zeigefinger auf der Oberfläche meines Daumens harmonisch weiter. Sage ich dagegen: »Ich heiße Florian«, so stockt das Kreiseln.

Körperpendel

Dieser Selbst-Muskeltest wird »Körperpendel« genannt. Er nutzt den gesamten Körper als Resonanzinstrument.
Ich stehe locker und aufrecht da, die Füße gleichmäßig belastet. Dann sage ich zu meinem Körper: »Zeig mir ein ›Ja‹.« Mein Körper wird sich nun langsam entweder nach vorne oder nach hinten bewegen – oder auch nach links oder rechts. Dann sage ich: »Zeig mir ein ›Nein‹.« Jetzt bewegt sich mein Körper genau in die entgegengesetzte Richtung.

Es ist individuell unterschiedlich, welche Richtung »Ja« bedeutet. Die meisten Menschen pendeln nach vorne, wenn sie »Ja« sagen oder denken. Ich kenne aber auch Personen, die nach hinten pendeln und sich bei einem »Nein« nach vorne oder seitwärts bewegen.
Bei einem »Nein« haben die meisten die Tendenz, nach hinten wegzukippen. Diese Form der körperlichen Affinität drückt sich auch in unserer Sprache aus. Wir sagen: »Ich werde von etwas angezogen«, oder: »Ich werde von etwas abgestoßen; ich finde etwas abstoßend.«

Übungen

- Spielerisch kannst du alles Mögliche testen, um sicherer zu werden: Decke eine Spielkarte auf und teste: »Das ist ein Herz-Ass.« Wenn es tatsächlich ein Herz-Ass ist, solltest du »Ja« testen; ist es eine andere Karte, sollte die Antwort »Nein« sein.

- Wenn du sicherer bist, kannst du mal etwas riskieren. Ein Freund von mir, der gerne wandert, hat zu Beginn seines Selbsttestens den richtigen Weg zurück zum Auto ausgetestet. Sobald du nicht mehr weißt, welche Richtung die richtige ist: Teste – und vertraue dem Ergebnis.

Überblick: Selbst-Muskeltest – Schritt für Schritt

- Um Aussagen zu testen oder Stress loszulassen, ist es notwendig, dass du einen Selbst-Muskeltest findest, dem du vertraust. Du musst dich sicher fühlen.

- Viele Tests kannst du im Sitzen, im Liegen und im Stehen ausführen.

- Memo – Denke immer daran: Du solltest genug Wasser getrunken haben.

- Richte den Blick (annähernd) in einem 45-Grad-Winkel auf den Boden. Im Liegen ist der Blick also in diesem Winkel an die Wand oder in den Raum hinein gerichtet.

- Eichung:

Etwas Angenehmes, wahrer Name
oder »Ja« denken:
»Stark«.

↓

Etwas Unangenehmes, falscher Name
oder »Nein« denken:
»Schwach«.

↓

»Es ist im höchsten und besten Interesse,
jetzt diese Aussage abzutesten.«
Nur weiter bei »Stark«.

↓

Jetzt die gewünschte Aussage formulieren
und abtesten.

Tipps

Die vorrangige Art, meinen Selbst-Muskeltest zu verifizieren, besteht darin, nach dem Selbsttest einen anderen Menschen die Aussage an meinem ausgestreckten Arm nachprüfen zu lassen. Bei besonders Wichtigem gehe ich immer noch so vor. Dies setzt voraus, dass ich dem testenden Partner meine Anliegen anvertrauen kann. In solchen Fällen erscheint es mir absolut notwendig, die Aussage laut auszusprechen, um jeder Manipulation meinerseits vorzubeugen. Ich höre den Satz mit meinem gesamten Gehör und spüre die Schwingung und Resonanz, die er in meinem Körper erzeugt.

Wenn du immer schwach testest, solltest du Wasser trinken. Es kann sein, dass dein Elektrolythaushalt mehr Flüssigkeit braucht.

Falls du immer stark testest, kann es sein, dass dein System zu sehr in Anspannung ist. Gehe für einige Minuten in eine entspannte Haltung (siehe auch »Stress auflösen«, S. 84 ff.).

Testest du zwar nicht stark auf deinen Namen, reagierst aber sonst auf die angenehme Situation mit »Ja«, auf die unangenehme Situation mit »Nein«, dann identifizierst du dich womöglich mit einem anderen Namen, z. B. mit deinem Kosenamen oder deinem zweiten Namen.

Teste immer möglichst zeitnah. Das Unterbewusstsein kennt nur den Jetzt-Zustand. Nur durch unser Bewusstsein können wir Vergangenheit und Zukunft definieren. Wenn du vormittags testest: »Es ist in meinem höchsten und besten Interesse, am Abend zum Tanzen zu gehen«, erhältst du vielleicht ein »Ja«. Am Nachmittag erreicht dich die Nachricht, dass dein Vater einen Unfall hatte, und du erhältst jetzt auf die gleiche Aussage ein »Nein«. Das ergibt einen Sinn. Das Leben ist ständig in Bewegung. Auch dein Unterbewusstsein ist andauernd dem Fluss neuer Informationen und Erfahrungen ausgesetzt. So passieren Dinge, die dich und dein Unterbewusstsein zu verändertem Handeln veranlassen. Deshalb sind unterschiedliche Testergebnisse zu unterschiedlichen Zeiten keine Fehler. Sie tragen nur dem Umstand Rechnung, dass sich über einen gewissen Zeitraum Neues ereignet, das einbezogen werden will.

Ich habe festgestellt, dass ich manchmal Fehler mache, wenn ich mit jemandem zusammen bin, der in keiner Weise an den Muskeltest glaubt und mich deshalb provoziert. Die innere Haltung »Dem beweise ich es jetzt!« bildet eine denkbar schlechte Ausgangssituation für den Selbsttest. Das kreierte Feld hat dann nichts mehr mit dem »höchsten und besten Interesse« zu tun, mit Neugier und Spiel, sondern eher mit Macht und Kampf. Mein Unterbewusstsein verhält sich chaotisch. Also such dir besser einen Platz für dich alleine, gerade beim anfänglichen Üben.

Teste immer nur Sätze oder Themen, die mit dir selbst zu tun haben. Jede kleinste manipulative Absicht wird vom Überbewusstsein erkannt und führt zu falschen Testergebnissen. Also bitte nicht testen: »Mein Freund geht heute mit einer anderen Frau aus.« Sprich ihn lieber direkt darauf an. Noch besser wäre es, ihm zu vertrauen, dass er dir ohnehin alles Wichtige erzählt. Ich habe damit aufgehört, Aussagen über andere Personen zu testen, und empfehle das jedem. Meistens hatte ich selbst keine reinen Absichten, und die Ergebnisse waren dementsprechend unklar.

Ich entwickle die mich tragenden Überzeugungen visuell, auditiv und kinästhetisch. Dies ist ein Prozess aus dem Neurolinguistischen Programmieren (NLP). (Siehe auch mein Buch »PSYCH-K im täglichen Leben«.)

Ein Hindernis könnte sein, dass Fremdenergien auf dein System zugreifen. Ich teste dann ab: »Es gibt Fremdenergien, die auf das System zugreifen.« Bei »Ja« frage ich mich, mit wem ich sehr eng verbunden bin oder an wen ich gerade dauernd denken muss. Meistens ist es jemand aus meinem nahen Umfeld, ein Freund, ein Kind usw. Dann sage ich: »Ich segne diesen Menschen, ich segne mich, ich segne alle Beteiligten und bitte um Heilung an einem anderen Ort.« Wenn ich innerlich den Segen spüre, sage ich: »Diese Verbindung ist jetzt aufgehoben.« Bei »Ja« teste ich meinen Namen nach: Jetzt sollte ich stark testen. Falls das Ergebnis jedoch ein »Nein« ist, ist meine Fantasie gefragt: Es gibt etwas, das ich für diesen Menschen tun kann und soll; vielleicht schicke ich ihm bedingungslose Liebe, vielleicht rufe ich ihn an und rede mit ihm.

Umgang mit Fremdenergie

Da wir alle Wesen sind, die aus Energie bestehen und insofern ständig mit anderen Energien in Kontakt sind, nehmen wir Energien auch sehr oft an. An und für sich ist das kein beängstigender Vorgang. Meistens stehen uns die Menschen, mit denen wir energetisch in Kontakt treten, persönlich nahe. Wir werden nicht überrumpelt – wir legen sogar einen Anlegesteg für sie aus: Wir wollen wissen, wie es unserer Mutter, unserem Vater oder unserem Kind geht. Also bleiben wir in Verbindung, auch wenn es uns nicht bewusst ist.
Manchmal geraten wir allerdings in Situationen, in denen wir kaum mehr unterscheiden können: Was bin ich und was ist meine Mutter? Fühle ich mich so schlapp oder spüre ich gerade die Energie meines Sohnes?
Falls unser momentaner Alltag keinen Grund für diese unerwarteten Unwohlgefühle birgt, ist es sinnvoll, den Namen der anderen Person bei sich zu testen. Falls ich stark teste und mich diese Verbindung im Augenblick schwächt, gehe ich wie unten beschrieben vor.

Achtung: Es ist wichtig, zu wissen, dass niemand uns »besetzen« kann. Wir laden auch selbst zu energetischen »Übergriffen« ein.

Ich teste: »Ich heiße … (falscher Name).«
Falls ich mich mit jemandem identifiziere, ist das Ergebnis »Stark«.

↓

Ich sage: »Ich segne die Person, ich segne mich, ich segne alle, die zu diesem System gehören, und ich bitte um Heilung an einem anderen Ort.« Dabei gehe ich in das Gefühl des Segnens hinein.

↓

Dann sage ich: »Diese Verbindung ist jetzt aufgehoben.« – Stark.

↓

Ich teste: »Ich heiße … (richtiger Name).« – Stark.
»Ich heiße … (falscher Name).« – Schwach.

Unser höchstes und bestes Interesse

Wenn es mir um etwas sehr Wichtiges geht, teste ich vor der eigentlichen Aussage den Satz: »Es ist im höchsten und besten Interesse, jetzt diese Aussage zu testen.«
Nur wenn ich ein »Ja« erhalte, fahre ich fort. Durch diese Aussage verbinde ich mich mit dem Überbewusstsein und damit auch mit meinem höheren Selbst. Indem ich mich in die Energie der Schöpferkraft stelle, gebe ich jeden Manipulationsversuch auf und weiß, ich werde unterstützt.

Was ist unser höchstes und bestes Interesse?
Die folgende E-Mail erhielt ich, nachdem ich einen Übungsabend abgesagt, aber vergessen hatte, eine der Interessentinnen zu benachrichtigen. Sie stand vor verschlossener Tür und rief mich von dort aus an. Nachdem ich mich entschuldigt hatte, meinte sie: »Komisch, es war stark, als ich austestete, ob es in meinem höchsten und besten Interesse ist, nach Darmstadt zu fahren.«

Liebe Brunhild,
danke für Deine Antwort.
Im Großen und Ganzen vertraue ich dem Muskeltest sehr, ich unterscheide eigentlich auch, ob ich das höhere Selbst frage oder einen Glaubenssatz abteste. Vom höheren Selbst bekomme ich normalerweise auch die gesunden, richtigen Antworten, z. B.: Ich muss Antibiotika nehmen, wenn ich eine Blasenentzündung habe etc. Bisher war es auch immer passend. […]
In letzter Zeit habe ich viel mit dem Muskeltest über frühere

Leben, die geistige Welt und Engel rauszufinden versucht, und mein Verstand hat da so ein paar Zweifelsschübe.
Gestern Abend habe ich dann erst mal gedacht, was für ein Blödsinn, dass es im höchsten und besten Interesse war, zu fahren. Inzwischen bin ich aber den Gründen auf die Spur gekommen. Zum einen sollte ich meine Angst beim abendlichen Autofahren verlieren (das ist gerade sehr wichtig für mich) und zum anderen einen Ikea-Ausflug machen. Wirklich, ich habe so viele Dinge gefunden, die ich schon lange gesucht habe! Ich hatte vorher balanciert, dass ich bereichert und voller Energie zurückkomme. (Da hatte ich einen Glaubenssatz getestet.) Das ist dann tatsächlich so gewesen, nur anders als gedacht ...
Inzwischen finde ich es richtig witzig und vertraue auch wieder dem Muskeltest.
Alles Gute für Dich und sonnige Grüße
Karin

So spielt das Leben.

Es ist mein Ziel, automatisch und kontinuierlich Zugang zu meiner Körperweisheit zu haben. Der kinesiologische Selbst-Muskeltest ist eine wunderbare Brücke dafür und unterstützt mich, immer sicherer in meiner Selbstwahrnehmung zu werden. Und es ist einfach lustig, nach einem Seminartag abends die beste Flasche Wein im Angebot kinesiologisch auszutesten.

Anwendungen im Alltag

Zu Beginn des Winters überlegte ich im Kaufhaus, welche Handschuhe ich mir kaufen sollte. Zur Wahl standen ein paar wunderschöne Wollhandschuhe, an den Rändern mit Leder eingefasst, und ein paar unscheinbarere, die jedoch Fingerfreiheit gewährten, weil man die Kappe über den Fingern abnehmen konnte. Die schöneren war teurer. Sie verführten mich. Ich wollte schon damit zur Kasse gehen, dann entschied ich mich für den Selbst-Muskeltest.
Ich testete: »Diese Handschuhe dienen mir im Winter zuverlässig und gut.«– Nein.
Ich nahm die anderen mit der abnehmbaren Kappe in die Hand, sagte den gleichen Satz und erhielt ein klares »Ja«. Und in der Tat, sie haben mir bei Kälte einen guten Dienst erwiesen.

Ich fahre zu einem Freund und bin unsicher, ob ich ein unangenehmes Thema heute ansprechen soll. Ich weiß, er ist im Augenblick durch andere Themen sehr belastet. Andererseits überschattet es unsere Beziehung, wenn ich diese Sache für mich behalte.
Ich sitze im Auto und teste: »Es ist in meinem höchsten und besten Interesse, jetzt dieses Thema anzusprechen.« Antwort: ein klares »Ja«.
Bevor ich aussteige, transformiere ich den Stress, den ich sofort in mir aufsteigen fühle (siehe »Stress auflösen«, S. 84 ff.). Ich bringe das Thema in angemessener Weise auf den Tisch, wir haben ein gutes Gespräch und ich bin erleichtert.

Ich habe lange Volleyball gespielt, hatte nun eine lange Pause, da ich mir den Knöchel gebrochen hatte. Und ich verspüre gar keine Lust, wieder ins Training zu gehen. Ich bin faul. Und ich denke, dass ich vielleicht mit etwas anderem beginnen sollte, vielleicht mit Tanzen.
Ich teste: »Volleyballspielen ist gut für mich und macht mir Freude.« Die Antwort ist: »Ja.«
»Es ist richtig für mich, mit Tanzen zu beginnen.« Die Antwort ist: »Nein.«
Also spiele ich weiterhin mit Freude Volleyball.

Mein Newsletter hat immer ein von mir innerlich vorgegebenes Leitthema. Jetzt fällt mir noch ein Thema ein, das eigentlich nicht richtig passt, das den Newsletter allerdings geschmeidiger, sanfter machen würde. Aber das bedeutet noch Arbeit; ich könnte den Newsletter erst am nächsten Tag verschicken.
Ich teste: »Der Newsletter ist perfekt.« – Ja.
Ich teste: »Der Newsletter ist perfekt, wenn ich den Artikel XY noch hinzufüge.« – Nein.
Also versende ich ihn jetzt! Das ist super.

Meine Tochter ist Vegetarierin – und ich bin es dadurch (zum Teil gezwungen, zum Teil dankbar) ebenfalls. Trotzdem ist es manchmal schwierig, jeden Tag abwechslungsreich zu kochen. Ich schlage das Kochbuch auf und schaue die Rezepte mit den Fotos an. Währenddessen teste ich. Meine innere Frage lautet: »Heute ist das beste Essen …« Was stark testet, nehme ich. Gibt es mehrere, entscheide ich mich nach

Lust und Verstand (z.B. entsprechend dem Inhalt unseres Vorrats- und Kühlschranks).

Für meine Workshops habe ich eine Überzeugung hinsichtlich meiner Präsenz verinnerlicht: »Ich bin klar, gelassen, bereit und liebevoll.« Ich teste sie vor jeder meiner Veranstaltungen ab. »Ja« – so ist es.

Während einer Coaching-Sitzung hatte ich mit einer Klientin ihre Jura-Prüfung durchgespielt und folgende Überzeugung verankert: »Ich kann jederzeit auf das von mir Gelernte zurückgreifen.« Ich empfahl ihr, vor und auch während kurzer Pausen in der Prüfung diesen Satz zu testen. Später erzählte sie mir, dass sie meinen Rat befolgt hatte – und unerwartet gut abschnitt.

Wie die vorherigen Beispiele zeigen, ist es möglich, bekräftigende Überzeugungen zu testen, z.B.:

- Ich bin sicher, wenn ich gesehen und erkannt werde.
- Ich fühle mich geliebt und geborgen.
- Mein Leben macht mich schön.
- Ich bin es wert und es fällt mir leicht, diese Beziehung zu leben.
- Mit der Arbeit, die ich liebe, verdiene ich das Geld, das ich brauche.
- Ich nehme an, was mir geschenkt wird, und teile die Freude und das Glück.
- Ich verdiene Achtung und Respekt.

Der eigenen Wahrnehmung vertrauen – Neurologische Grundlagen

Der kinesiologische Muskeltest ist ein Werkzeug, durch das ich erfahre, was mir – als eine Einheit aus Körper, Geist und Seele – guttut und was nicht. Was mich stärkt und mich erfreut, lässt mich stark sein – und demzufolge auch stark testen. Was mich schwächt, lässt mich schwach sein – und als Konsequenz testet mein Muskel schwach. Meistens spüre ich schon vor dem Test, was für mich gut und was schlecht ist, welche Aussage wahr und welche falsch ist.
Das war allerdings nicht von Anfang an so. Wie viele andere Menschen tat ich mich schwer damit, meiner eigenen Körperwahrnehmung zu vertrauen, ja sie überhaupt wahrzunehmen. Folglich vertraute ich meinem Selbst-Muskeltest nicht. Ein Ausflug in die Neurobiologie erläutert das Wunder, das stattgefunden hat.

Synapsen, Botenstoffe und Nervenzell-Netzwerke

Signale aus der Außenwelt, die von unseren fünf Sinnen, also durch Sehen, Hören, Riechen, Schmecken und Tasten wahrgenommen werden, aktivieren Nervenzellen im Gehirn. Nervenzellen bilden Nervenzell-Netzwerke. Durch ihre Fortsätze, die die Nervenzellen in ihre Umgebung schicken, verbinden sie sich mit anderen Nervenzellen. Am Ende der Fortsätze liegen Kontaktzonen, die Synapsen. Durch sie findet der Kontakt zu den anderen Zellen statt. Jede einzelne Nervenzelle ist mit bis zu 10.000 solcher Synapsen mit anderen Nervenzellen verbunden. Über die Synapsen werden Botenstoffe ausgetauscht, sogenannte Neurotransmitter.

Stellen wir uns eine schöne Flusslandschaft vor: Wir sehen sie nicht nur, sondern wir spüren auch Sonne und Wind auf unserer Haut und hören das Zwitschern von Vögeln und das Summen von Insekten. In diesem Fall werden die Nervenzellen verschiedener Sinnesmodalitäten zu Nervenzell-Netzwerken zusammengeschlossen. In unserem Gehirn entsteht das Abbild eines Objektes, z. B. eines Flusses, auf dessen Wasseroberfläche die Sonne glitzert, die Wellen sich kräuseln, und wir hören, wie der Wind übers Wasser streift.
Wir hören, dass der Mensch neben uns entzückt schwärmt: »Wie schön!«, und fühlen, wie er oder sie unseren Arm berührt. Weitere Nervenzell-Netzwerke werden aktiviert und mit den vorher aktivierten synaptisch verschaltet. Dadurch entsteht die Vorstellung einer komplexen Situation. Je mehr Nervenzell-Netzwerke, die Situationen repräsentieren, aktiviert und verbunden werden, desto vielschichtigere Vorstellungen von Situationen und Prozessen werden möglich.

Es gibt für Nervenzellen drei mögliche Zustände: Entweder sie werden angeregt oder sie werden alarmiert – oder nichts von beidem.

Eine anregende Erfahrung führt in einer Nervenzelle zur Aktivierung von Nervenwachstums-Genen, hervorgerufen durch den Austausch von Botenstoffen an ihren Synapsen. Die Nervenwachstums-Gene wiederum verstärken durch ihre Aktivität die strukturellen Zusammenhänge viel benutzter Synapsen und damit das Wachstum der dazugehörigen Nervenzell-Netzwerke.

Synaptische Aktivität, die sich aus Alarmerfahrungen ableitet, kann zur Freisetzung von nervenschädigenden Botenstoffen führen.

Nicht benutzte Synapsen lösen sich auf. Unser Körper ist effizient: Was nicht gebraucht wird, wird abgebaut.

Ausführlich ist dies beschrieben in Joachim Bauers Buch »Das Gedächtnis des Körpers«.

Unser inneres Körperbild

Subjektive Wahrnehmungen (»subjektiv« wird hier nicht als Gegensatz zu »objektiv« verwendet, sondern im Sinne von »auf das Subjekt bezogen«) werden durch die Verschaltung von Nervenzellverbänden gebildet. Gedankliche Assoziationen zwischen verschiedenen Wahrnehmungen finden ihren neurobiologischen Ausdruck in der Verknüpfung entsprechender Nervenzell-Netzwerke. So speichert unser Gehirn ein inneres Bild der äußeren Welt.

In unserem Gehirn bildet sich nicht nur ein inneres Bild der äußeren Welt ab, sondern unsere inneren Wahrnehmungen

repräsentieren die Vorgänge in unserem Körper ebenso als ein inneres Körperbild.
Wir bemerken, dass wir hungrig sind. Nehmen wir sodann ein gutes Essen zu uns, macht sich unser Körper durch die Wahrnehmung eines Wohlgefühls bemerkbar; irgendwann tritt Sättigung ein. Entsprechend realisieren wir, dass wir einen Harndrang verspüren oder dass wir müde sind und zu Bett gehen sollten. Mir ist klar, dass die Fähigkeit, die eigenen Körpersignale wahrzunehmen, sehr unterschiedlich ausgeprägt ist. Das ist eine Frage der Aufmerksamkeit, die wir darauf richten – und der Anzahl von Synapsen, die sich entsprechend unserer Aufmerksamkeit bilden.

Um zu handeln oder auch einfach nur, um einzuschätzen, was zu tun oder zu lassen ist, wird das aktuelle Körperbild mit dem Bild der äußeren Welt verknüpft. Wir überlegen, ob wir uns noch mal eine Portion vom leckeren Dessert nehmen sollen. Wir überprüfen vielleicht, ob der Nachtisch für alle reicht. Oder wir wägen ab, ob es angemessen ist, sich jetzt schon aus Müdigkeit von einem Fest zurückzuziehen, obwohl man der Gastgeber ist.
Die Zusammenführung von körpereigener – also innerer – und äußerer Wahrnehmung erfolgt dem Gehirnforscher Antonio Damasio zufolge im Gyrus cinguli des limbischen Systems (siehe Felix Kapohl: Das Konzept der somatischen Marker nach Antonio R. Damasio). Er sieht in diesem Ort den Sitz des Selbstgefühls und der emotionalen Grundstimmung. Entscheidend ist, dass hier die Bewertung von Wahrnehmung stattfindet.

Allerdings reicht es nicht aus, Nervenzell-Netzwerke zu aktivieren und zu verbinden, um unser Leben zu meistern. Unser Gehirn würde uns ungefiltert mit Reizen überfluten. Eine Gewichtung ist notwendig: Was ist im Augenblick entscheidend? Diese Frage wird durch die selektive Aktivierung von Netzwerken beantwortet: Die Netzwerke, die an der im Augenblick vorrangigen Wahrnehmung beteiligt sind, schwingen synchron, zeit- und phasengleich. Ihre Schwingungsfrequenz ist ungefähr 40 Hertz (40 Schwingungen pro Sekunde). »Synchronisation und Phasengleichheit sind das Ordnungsmerkmal der Gehirntätigkeit« (Wolf Singer; in Joachim Bauer: Das Gedächtnis des Körpers). Nach kurzem synchronen Schwingen löst sich das eine oder andere Nervenzell-Netzwerk aus dem großen Verband, während andere dazukommen und sich dem Rhythmus anschließen. »So entsteht ein kontinuierlicher und sich zugleich laufend wandelnder Wahrnehmungsstrom« (Joachim Bauer).

»Use it or lose it«

Gehen wir noch einmal einen Schritt zurück:
»Cells that fire together wire together« – so formulierten amerikanische Forscher; also: »Zellen, die gemeinsam ›feuern‹, verkabeln sich miteinander.« Die bioelektrische Aktivierung einer Synapse veranlasst die Ausschüttung von Neurotransmittern. Die Stimulierung der beteiligten Zellen führt zur Aktivierung von Genen, die als Matrize für die Produktion

von Proteinen dienen, welche wiederum die Synapsentätigkeit und damit die Synapse verstärken. Bei der nächsten Aktivierung werden die beteiligten Synapsen stärkere Signale senden.
Werden Synapsen nicht benutzt, werden sie zurückgebaut oder gehen sogar ganz verloren. »Use it or lose it«, das heißt: »Nutze sie oder verliere sie.« Diese Regel trifft auf viele körperliche Fähigkeiten zu. Selten gebrauchte oder kaum trainierte Wahrnehmungen, Fähigkeiten oder Tätigkeiten haben die Reduktion oder den Verlust ihrer zugehörigen Nervenzell-Netzwerke zur Folge.

Erinnern wir uns: Unser Ausgangsthema war das Vertrauen in den kinesiologischen Selbst-Muskeltest. Und was haben diese neurobiologischen Fakten damit zu tun? Eine Menge!

Üben von Körperwahrnehmung

Von klein auf werden wir darauf ausgerichtet, die Wahrnehmung unserer Außenwelt – und unsere Fähigkeiten, die sich mit der Außenwelt auseinandersetzen – zu trainieren. Wir nehmen wahr, schätzen ein, agieren und reagieren und erhalten Feedback. Wir richten unsere Aktionen nach den Antworten aus, die wir von der Außenwelt bekommen haben. Die Repräsentation der äußeren Umwelt in unserem Gehirn ist detailliert und präzise und wir können sie auch oft sehr gut beschreiben.

Wie sieht es mit der inneren Wahrnehmung unseres Körpers durch unsere Nervenzell-Netzwerke aus?
Ein Tai-Chi-Lehrer erklärte mir, er spüre, wie sich seine Niere und seine Leber anfühlten, ob sie entspannt oder angespannt seien. Ich war verblüfft! Abgesehen davon, dass ich in Verlegenheit komme, von außen mit meinen eigenen Händen meine Leber und meine Niere lokalisieren zu sollen, habe ich kaum eine innere Wahrnehmung dieser wichtigen Körperorgane.
Ich fühle, wenn mein Herz rast oder stockt. Ich spüre, wie mein Atem fließt. Ich spüre Schmerz bei einer Verletzung. In manchen Situationen merke ich einen Kloß in meinem Hals, meine Kehle verengt sich, sodass ich mich schwertue, etwas auszusprechen (oder umgekehrt: Es fällt mir schwer, etwas auszusprechen, und deshalb verengt sich meine Kehle). Und ich spüre mittlerweile, ob sich eine Aussage, die ich ausspreche, wahr oder unwahr anfühlt – allerdings nur, wenn ich mental nicht sehr beeinflusst bin. Und dabei bin ich immer noch am Lernen.

Man hat uns nicht beigebracht, auf unsere inneren Körpersignale zu achten. Schade, dass es in der Schule kein Fach »Selbstwahrnehmung« gibt: Wie fühle ich mich, wenn ich kritisiert werde: Steigt mir das Blut in den Kopf; geht mein Atem schneller? Und wie ist es, wenn ich gelobt werde: Breitet sich Entspannung in meinen Muskeln aus; lässt der Druck im Kiefergelenk nach? Welche meiner Nervenzellverbände werden aktiviert, weil ich gerade meine Leber mit Alkohol vergifte? Es erfolgt eine Aktivierung vielzähliger Nervenzell-

Netzwerke, allerdings dringt diese Aktivität nicht bis zu meiner bewussten Wahrnehmung vor.

Ich mache Fortschritte. Ich habe gemerkt, dass ich mir Zeit nehmen und üben muss, um meine körperlichen Wahrnehmungen ...

- erstens zu benennen und sie damit auch in der äußeren Realität sichtbar zu machen;
- zweitens ernst zu nehmen und sie zu respektieren.

Dazu gehört, dass ich beginne, in mich hineinzuspüren. »Spüren ... Spur« – das heißt, ich komme meinen inneren Körperempfindungen immer mehr auf die Spur. Dadurch bilden sich neue Synapsen aus, die es mir ermöglichen, das Wohlgefühl oder ein Nicht-Wohlgefühl meines Körpers noch besser zu »erspüren«. Ich fühle Verkrampfungen in meinen Muskeln und im Kiefer, die auf Überforderung und Anspannung basieren. Ich muss mir hoffentlich nicht wieder erst das Bein brechen, um mir Ruhe zu erlauben. Stattdessen kann ich die Signale, die mir mein nach Entspannung gierender Körper gibt, adäquat wahrnehmen und konsequent handeln.

Tatsächlich habe ich mir im letzten Jahr beim Holzaufschichten den Knöchel gebrochen. Ich erinnere mich genau, dass ich kurz vorher dachte: »Eine Pause wäre jetzt gut!« Aber ich folgte dem Impuls nicht, weil meine Tochter, die mit mir arbeitete, so aktiv und voller Kraft war und ich dem in nichts nachstehen wollte. Die ersehnte Pause hatte ich anschließend. Sie dauerte sechs Wochen.

Selbstgefühl und Selbstvertrauen

Mit obigem Beispiel sind wir bei einem weiteren wichtigen Punkt angelangt, der die angemessene Wahrnehmung und den daraus folgenden respektvollen Umgang mit unseren eigenen körperlichen Bedürfnissen erschwert: die Bewertung. Ich greife zurück: Die Repräsentation des äußeren Bildes unserer Wirklichkeit wird mit der Repräsentation unseres Körperschemas im Gehirn, genauer gesagt im Gyrus cinguli, zusammengeführt. Es entsteht das Selbstgefühl – ich nenne es auch Selbstwahrnehmung.

Ich bin in Verhältnissen aufgewachsen, in denen Leistung sehr hoch bewertet wurde, sowohl mentale als auch körperliche Leistung. »Da geht immer noch etwas«, war die Devise. Als ich trotz meiner Erschöpfung weiter Holz aufschichtete, drang zwar in meine Gedanken vor, welche Wohltat eine Pause wäre, doch diese Wahrnehmung kollidierte mit einer Überzeugung aus meiner Kindheit: »Es geht immer noch etwas.« Also unterdrückte ich mein Bedürfnis nach einer Pause – und brach mir zwei Minuten später den Knöchel.

Die Rückmeldungen vonseiten anderer sowie die Überzeugungen, die durch unsere Interaktion mit anderen Menschen entstanden sind, treten in Verbindung mit unseren inneren Wahrnehmungen, die unser Körperschema repräsentieren. Und oft ergänzen sie sich nicht zu einem stimmigen Gesamtbild, sondern konkurrieren miteinander. Es findet eine Bewertung statt.

Wie viele Jungen sind mit dem Satz aufgewachsen: »Ein echter Junge weint nicht!« Das kann dazu führen, dass sich Synapsen zurückbilden, die die Selbstwahrnehmung und den Selbstausdruck eines Mannes unterstützen, wenn er Anlass zur Trauer hat. Die nervenzellulären Verbindungen sind reduziert oder existieren nicht mehr. Ich kenne Männer, die es üben mussten, wieder weinen zu können. Damit wird deutlich, dass es für viele Männer vielleicht nicht nur eine Frage des Wollens ist, Gefühle deutlicher zuzulassen, sondern auch eine Frage der neurobiologischen Kompetenzen. Die gute Nachricht ist: Bei Bedarf wachsen Nervenzellen und Synapsen auch wieder!

Als ich ungefähr fünf Jahre alt war, wollte ich pfeifen lernen. Ich stand im Garten und versuchte, meinen Mund und meine Zunge so zu formen, dass die Luft, die ich durch meine Lippen nach außen presste, mit einem Pfeifen entwich. Es machte mir Spaß. Ich lernte etwas Neues, ich erweiterte meine körperlichen Fähigkeiten. Es hörte sich zwar noch nicht perfekt an, aber ich pfiff.

In diesem Augenblick trat meine Großtante zu mir: »Mädchen, die pfeifen, und Hühnern, die krähen, soll man beizeiten den Hals umdrehen«, sagte sie. Der nächste Pfiff blieb mir buchstäblich im Hals stecken. Mein Körper erstarrte, er wollte nicht den Kragen umgedreht bekommen. Bis heute kann ich nicht richtig pfeifen.

Eine ähnliche Erfahrung haben viele Menschen mit dem Thema »Sattsein« gemacht. Unzählige aus unserer Großeltern-

und Elterngeneration haben in der Kriegs- und Nachkriegszeit Nahrungsmangel und Hunger erlebt. Die Anweisung »Es wird gegessen, was auf dem Teller liegt« oder der Satz »Andere wären froh, wenn sie das jetzt zu essen hätten« resultieren daraus.
Ganz abgesehen davon, dass es keinem Kind in einem Entwicklungsland nutzt, wenn wir hier dick werden und aus den Nähten platzen, ist es sinnvoll, auf unseren Körper zu hören, sobald er signalisiert: »Ich bin satt.« Wieder steht hier das Feedback, das ich von meinem Körper erhalte, im Gegensatz zu den Verhaltensweisen und Überzeugungen, zu denen mich meine Bezugspersonen ermahnt haben.

Jeder Mensch hat unzählige ähnlicher Erfahrungen gemacht. Wie sinnvoll wäre es, wenn wir unsere Kinder anleiten und ermutigen würden, ihre Körpersensationen wahrzunehmen und ihnen zu folgen, sodass sie sich mit der äußeren Wahrnehmung zu einem heiteren Zusammenspiel ergänzen! Das Vertrauen in die Wahrnehmung des eigenen Körpers würde gestärkt und durch die Verbindung mit der Umwelt und deren Rückmeldung verfeinert.

Es tut gut, sich ab und zu Zeit zu nehmen und seinen Körpergefühlen nachzuspüren:

- Wie fühlt sich mein Kopf gerade an?
- Spüre ich einen Unterschied zwischen meiner rechten und meiner linken Gehirnhälfte?
- Welche Gehirnhälfte ist gerade aktiver?

- Was fühle ich, wenn ich glücklich bin? Wo kribbelt es?
- Wie fühlt sich Dankbarkeit an?
- Was ist dieses wohlige Gefühl in meinem Magen?
- Fließt mein Atem? Wie hebt und senkt sich mein Brustkorb?
- Was ist das: mein Bauchgefühl? Wie nehme ich es wahr?

Indem ich übe, mich wahrzunehmen, werden die entsprechenden Synapsen genutzt und verstärken sich. Meine Wahrnehmung wird immer klarer. Dann kann ich mein inneres Körperbild respektieren und angemessen reagieren.

Was empfinde ich bei dieser Fernsehsendung, wie reagiert mein Körper?
Gerade habe ich tatsächlich den Tatort-Krimi ausgeschaltet und stattdessen den Laptop hochgefahren, um weiter an meinem Buch zu schreiben. Der Krimi hat ein ungutes Gefühl in meinem Magen bewirkt, mir wurde ein bisschen schlecht. Vor einiger Zeit hätte ich das gar nicht wahrgenommen. Ein weiterer Schritt in meiner Selbstwahrnehmung war es nun, sogar Konsequenzen aus dem Unwohlgefühl zu ziehen und gerne auf den Krimi zu verzichten. Inzwischen habe ich gelernt, dass ich für mich sorgen kann. Auf den »Aus«-Knopf drücken – und es geht mir gut. »Handlungskompetenz« nennt man das.

Wahrnehmung entsteht also durch die Interaktion mit unserer Umwelt, die sich in der Aktivität von Nervenzell-Netzwerken ausdrückt.

Zur Umwelt gehören:

- unsere zwischenmenschlichen Beziehungen;
- unsere äußere Umwelt, die sich in der Natur, in Städten, Straßen und Gebäuden zeigt;
- unsere innere Umwelt, die sich in unserem Körperbild ausdrückt; für eine Magenzelle ist z.B. die gerade gegessene Nahrung »Umwelt«.

Vertrauen in die eigene Wahrnehmung hat mit »Selbst-Vertrauen« zu tun. Die Gestaltung unserer Beziehung zur Umwelt bildet dabei einen wichtigen Faktor. Wenn ich fähig bin, mein Leben in meinem Sinn zu gestalten, geht es mir gut. Wenn ich es z.B. schaffe, eine Lampe anzuschließen, oder ich es lerne, meine Website selbst zu betreuen, bin ich stolz darauf. Mein Selbstvertrauen wächst. Schön für mich ist auch, wenn die Pflanzen, die ich in meinem Garten hege und pflege, blühen und Früchte tragen.

Eine zweite Komponente, die mein Selbstvertrauen stärkt, ist das Sein in der Natur. Ich schwimme, ich laufe, ich genieße die Schönheit von Bergen und Flüssen. Mir wird es warm ums Herz, wenn ich draußen still sitze und sich einen Meter entfernt ein Vogel niederlässt. Wir gehören beide zu dieser Welt, zu dieser Schönheit, die mich ergreift und manchmal überwältigt. In der Natur bin ich verbunden mit allem und mit mir selbst. Das macht mich sicher, ich fühle mich gehalten.

Die dritte Ebene, um die es bei der Selbstwahrnehmung geht, ist das eigene Körperbild. Hier ist zweitrangig, wie füllig meine Haare sind und wie groß meine Nase ist – obwohl das manchmal eine nahezu existenzielle Frage sein kann.

Unser Körper ist ein Wunder! Bei einem Tai-Chi-Workshop in der Schweiz traf ich Sibylle, eine schwerhörige und dadurch auch sprechbehinderte Frau. Sie sagte zu mir: »Unser Körper ist sensationell! Alles zu nutzen, was ich durch ihn geschenkt bekommen habe, macht mich glücklich. Alles andere ist das Sahnehäubchen oben drauf.«
Wenn ich mehr und mehr lerne, z.B. dem Sättigungsgefühl, das mein Magen aussendet, zu vertrauen, tut es mir gut. Es geht darum, unsere Körperweisheit wieder zu entwickeln, die Rückmeldung des Körpers zu hören, um dann noch mehr davon zu tun, was sich gut anfühlt.

Unsicherheit entsteht, wenn es unterschiedliche Rückmeldungen aus unterschiedlichen Beziehungen oder Systemen gibt. Aus der Beziehung zur Mutter hat sich vielleicht unterbewusst etabliert: »Ich werde nur geliebt, wenn ich aufesse.« Der Körper signalisiert dagegen, dass ich satt bin.
Dieses Dilemma können wir als erwachsene Menschen auflösen, indem wir unseren Körper ernst nehmen, unserer Mutter für ihre Fürsorge danken und sie dann daraus entlassen.

Ein zufriedenes Leben zeichnet sich durch die Balance von Beziehungen zu anderen, Beziehung zu mir selbst und Beziehung zur Natur aus. In der westlichen Welt sind wir es gewohnt, das Äußere, unsere Umwelt und die Ideale unserer Mitmenschen als Maßstab zu nehmen. Auf unsere innere Na-

tur zu hören und damit dem äußeren Regelwerk ein Gegengewicht zu schenken, ist unsere Aufgabe. Wir werden dabei entdecken, dass unser äußeres Leben von der Wahrnehmung des inneren Lebens profitiert und uns bereichert.
Solange es uns noch schwerfällt, in jedem Moment unsere Körperwahrheit wahrzunehmen und auszudrücken, finden wir im Selbst-Muskeltest eine wunderbare Unterstützung.

Selbstvertrauen zeigt sich in der Annahme des eigenen Körpers. »Wisst ihr nicht, dass eurer Leib der Tempel des heiligen Geistes ist?« Dieses Zitat aus der Bibel (1. Kor. 6,19) weist auf die spirituelle Dimension hin, die wir durch unseren Körper erfahren können. Nur durch ihn leben wir. Jede unserer Wahrnehmungen, jedes Gefühl, sei es Trauer oder Entrücktheit, nehmen wir mit Teilen unseres Körpers wahr. Ohne ihn: kein Sehen, Hören, Fühlen, Spüren, kein Gedanke, kein Liebesgefühl. Auch kein Hass und keine Verurteilung. Durch unseren Körper sind wir hier in dieses Leben eingebunden. Was danach kommt, wird spannend. Aber dieses Leben hier lieben heißt, unseren Körper ernst zu nehmen – er sagt uns die Wahrheit.

Stress auflösen – leichtgängig

Wien-Schwechat, Gate 33–35

Zum dritten Mal werden wir aufgefordert, das Gate zu wechseln. Um mich herum breitet sich Chaos aus. Menschen schimpfen, ihre entnervten Mienen drücken Unverständnis aus. Ich blicke in ängstliche Gesichter. Andere Mitreisende reagieren stoisch.
Irgendwie ist an diesem Abend der Wurm drin. Das Flugzeug, das mich von Wien nach Frankfurt bringen soll, hat schon zwei Stunden Verspätung. Dreimal wird das Abflugsgate geändert. Jedes Mal müssen wir wieder durch die Personenkontrolle, Schuhe aus, Uhr ab, Haarspange aus dem Haar und den Schlüsselbund aus der Tasche in den Kasten auf dem Rollband legen.
Schließlich sitze ich in einem Wartebereich, der zusätzlich zu den Passagieren, die nach Frankfurt wollen, die Fluggäste nach Paris aufgenommen hat. Ich habe mich nach einem Workshop in Wien auf einen entspannten Abend zu Hause gefreut und sehe meine Vorfreude immer mehr davonschwimmen.
Um nicht selbst in Stress zu geraten – es ist genug um mich herum los –, denke ich daran, was ich in diesen Tagen gelehrt habe: den Umgang mit Stress durch einen einfachen Veränderungsprozess. So setze ich mich hin, überkreuze Arme und Beine. Keiner schert sich um mich. Automatisch beginnen

sich meine Augen hinter den geschlossenen Lidern in einem bestimmten Muster zu bewegen.
Nach ungefähr drei bis vier Minuten öffne ich meine Augen und sitze ganz entspannt.
Mein Blick fällt auf einen jungen Vater, der mit einem zusammenklappbaren Buggy kämpft. Er rüttelt an den Griffen; normalerweise lösen sich dadurch bestimmte Haltemechanismen. Er rüttelt stärker – etwas löst sich, etwas anderes hält fest. Der Buggy klappt nicht wie gewünscht zusammen. Eine Frau mittleren Alters springt auf und will den Mann unterstützen. Sie spricht ihn auf Deutsch an und zerrt jetzt ebenfalls an dem Kinderwagen. Er antwortet auf Französisch. Jetzt kommt noch eine Französin hinzu. Zu dritt malträtieren sie das Gestänge, bis sich die Französin wieder setzt: »C'est bloqué!«, sind ihre Worte.
Ich starre verwundert auf die Szene. Mir fällt ins Auge: An dem Gestänge des Kinderwagens prangt grellgrün ein Klebestreifen mit den Buchstaben »VIE« für »Vienna«, die Signatur für den Wiener Flughafen. Das Band ist wahrscheinlich durch den Zoll oder eine andere Kontrolle am Wagen befestigt worden. Es hält die zwei Stangen fest zusammen.
Ich stehe auf, gehe auf den Mann zu und deute auf das Band. Sofort begreift er. Sein Blick entspannt sich, er entfernt den Klebestreifen und klappt den Kinderwagen zusammen. »Merci!«

Dieses Erlebnis war der Impuls, meine »Stressauflösung« im Wartebereich zu Papier zu bringen. Es hatte sich offensichtlich gelohnt; ich hatte ruhig und entspannt genau den »Casus knaxus« erkannt, der der Verwicklung zugrunde lag. Andere Menschen um mich herum verbrauchten viel Energie und kamen schließlich zu dem Ergebnis, dass eine Blockade vorliege. Aufgelöst war sie deswegen nicht.

Der Vorfall erscheint klein und nebensächlich, wenn es ums Thema »Stress« und »innere Freiheit« geht. Und gerade deshalb ist er für mich das perfekte Beispiel, um zu veranschaulichen, was »Stress« auf der einen Seite und Zugang zur Ressource »Innere Ruhe« auf der anderen Seite im Alltag bedeuten.
Die Geschichte macht klar: Es ist eines, zu erkennen, dass es eine Blockade gibt, und es ist etwas ganz anderes, die Blockade zu lösen.

In den nächsten Tagen und Wochen beschäftigte ich mich damit, was ich eigentlich gemacht hatte, um ruhig und entspannt zu sein. Ich wusste, ich hatte spontan und automatisch verschiedene Prozesse kombiniert. Ich experimentierte an einer Methode, die einfach und für jedermann nachvollziehbar ist. Unterstützung erhielt ich von Klienten, die genau in dieser Zeit mit ihren Themen zu mir kamen. Die Arbeit mit ihnen zeigte mir, was essenziell für Veränderung ist und was nicht.

Stress auflösen

Mir wurde bewusst: Eine Methode, die auf der Anwendung des Selbst-Muskeltests gründet, erfordert zuerst einmal das Vertrauen in die eigene Wahrnehmung und in den Selbsttest. Deshalb habe ich in diesem Buch elf Selbst-Muskeltests ausführlich beschrieben (siehe S. 41 ff.).

Weiterhin fühlte ich, dass eine Instanz nötig ist, die über unser bewusstes Wollen und Wirken hinausgeht und die Verbindung ermöglicht, und zwar zuerst einmal die Verbindung mit dem höheren Selbst.
Deshalb teste ich vor jeder Stressauflösung: »Es ist in meinem höchsten und besten Interesse, diesen Stress jetzt zu transformieren.«
Durch die Intention, die ich halte, erreiche ich mein höheres Selbst. Dieses antwortet mir.

Erhalte ich ein »Nein« als Antwort, ist es nicht in meinem höchsten und besten Interesse, mein aktuelles Stressempfinden zu transformieren.
»Wie kann das sein«?, habe ich mich manchmal gefragt. Bis ich einen Klienten hatte, der aufgrund persönlicher Betroffenheit sofort wusste, warum: »Es ist notwendig, dass ich spüre, welchen Stress ich gerade erzeuge, damit ich nicht wieder in mein selbstzerstörerisches Arbeitsverhalten von früher falle. Für mich ist das Stressgefühl eine Warnung.«
Also Hände weg, wenn hier ein »Nein« die Antwort ist.

Nur wenn ich ein »Ja« vom höheren Selbst erhalte, fahre ich fort: Ich gehe in die Stress-Situation hinein und teste mich. Üblicherweise teste ich schwach, da die Erfahrung von Stress ja eine unangenehme Situation ist. Diese Erfahrung wird bei der Eichung schon gemacht.
Dann gehe ich in die Whole-Brain-Haltung (siehe Fotos oben; auch Paul Dennison: Brain Gym) und zeichne mit geöffneten oder geschlossenen Augen mehrmals eine liegende Acht (siehe S. 86 oben): Sie ist ein Symbol für den Himmel im Leben. Im kosmischen Rhythmus spürt der Mensch Stärke und Frieden.

Gleichzeitig stelle ich mir den Stress, den ich fühle, vor. In dieser Haltung und durch diese Bewegungen aktiviere ich meine beiden Gehirnhälften und verbinde sie miteinander. So habe ich Zugriff auf mein volles Gehirnpotenzial.

Manchmal gibt es Widerstand, ich schweife ab und es fällt mir schwer, in der stressigen Situation zu bleiben. Das macht nichts. Ich gehe in Gedanken einfach dahin zurück.

Der Impuls, die Augen zu öffnen, ist normalerweise das Signal dafür, dass der Stress transformiert wurde. Dieser Zustand kann kurz sein, weniger als eine Minute, aber manchmal auch bis zu 10 Minuten dauern.

Jetzt stelle ich mir wieder die stressige Situation vor und teste: Der Test fällt jetzt stark aus! Das heißt, angesichts der Situation bleibe ich entspannt. Ich kann analytisch sein und in Verbindung mit meiner Umwelt gehen. Ich sehe die Details und empfinde Mitgefühl, zuerst einmal mit mir. Ich höre meine Gedanken, die mir sagen, was ich tun sollte, und spüre, was in diesem Augenblick für mich angemessen ist. Ein Gefühl von Annahme, vielleicht sogar von Dankbarkeit schwingt mit.

Und diese Dankbarkeit drücke ich sofort aus, indem ich meine beiden Hände übereinander auf mein Herz lege und sage: »Ich danke von Herzen.«

Natürlich kann jeder Mensch den ihm entsprechenden Dank wählen. Wichtig ist ohnehin, dass er nicht nur ausgesprochen wird, sondern dass du die Dankbarkeit in deinem Herzen wirklich empfindest.
Geh also in das Gefühl von Dankbarkeit hinein. Du wirst dadurch immer mehr Situationen in dein Leben ziehen, für die du dankbar bist.

Linke und rechte Gehirnhälfte

Wir Menschen der westlichen Zivilisation agieren weit mehr aus dem Potenzial unserer linken Gehirnhälfte heraus. Sie beheimatet die Areale für Fähigkeiten wie:

- logisch und analytisch zu denken;
- abstrakt und linear zu denken;
- sein Leben klar zu organisieren und pünktlich zu sein;
- sich visuelle Vorstellungen machen zu können;
- seine Gedanken in Worte zu fassen und sie auszusprechen.

In der rechte Gehirnhälfte sind Fähigkeiten lokalisiert wie:

- intuitiv zu spüren;
- ganzheitlich wahrzunehmen;
- sich kreativ und künstlerisch auszudrücken;
- sich bildhaft zu erinnern;
- Klang und Modulation von Geräuschen und Sprache wahrzunehmen.

Sooft wir bei einem Erlebnis innerlich kalt und unnahbar werden, sind wir von den emotionalen Fähigkeiten unserer rechten Gehirnhälfte abgeschnitten. Handeln wir emotional und dramatisch, ohne klar denken zu können, führt gerade unsere rechte Gehirnhälfte Regie. Ich kann mich an Situationen erinnern, in denen ich emotional so gefangen war, dass der Klang einer Stimme und Worte an mein Ohr drangen, ohne dass ich ihre Bedeutung realisieren konnte.
In unserem normalen Leben greifen unsere beiden Gehirnhälften allerdings wie Zahnräder ineinander und ermöglichen uns somit ein vielfältiges, alle Sinne befriedigendes Leben (siehe auch mein Buch »Finde dein inneres Gleichgewicht«).

Jill Bolte Taylor, eine Gehirnforscherin, die selbst einen Hirnschlag erlitt, erlebte am eigenen Leib die Tragweite der rechten und linken Gehirnhälfte. In ihrer linken Gehirnhälfte bildete sich ein Aneurysma, das viele Funktionen ausschaltete. Trotzdem überlebte sie. Und sie erfuhr in ihrem langjährigen Heilungsprozess die Geschenke, die unsere rechte Gehirnhälfte für uns bereithält:
»In meiner rechten Hirnhälfte geht es um den Reichtum des Augenblicks. Sie ist voller Dankbarkeit für mein Leben und die Menschen um mich herum. Sie ist zufrieden, liebevoll und immer optimistisch. Sie kennt keine Beurteilung in gut/schlecht oder richtig/falsch, sie nimmt die Dinge, wie sie sind ... Meine rechte Gehirnhälfte ist offen für neue Möglichkeiten. Die Regeln und Vorschriften, die die linke Gehirnhälfte etabliert hat, können sie nicht einschränken ... Sie ist kinästhetisch und liebt die Fähigkeit meines Körpers, sich flüssig in der Welt

zu bewegen ... Befreit von der Wahrnehmung aller Grenzen erklärt meine rechte Gehirnhälfte: ›Ich bin ein Teil von allem. Wir sind Brüder und Schwestern auf diesem Planeten und wollen diese Welt friedlicher und freundlicher gestalten.‹«
(Jill B. Taylor: Mit einem Schlag, S. 178–180)

Was bedeutet das, wenn wir Stress erfahren? Um neue Bahnen zu schaffen, ständige Rückmeldungen zu erhalten und ein optimales Leitsystem zu haben, das neue Möglichkeiten in Erwägung zieht und ausprobiert, können wir nicht auf die Fähigkeiten unserer rechten Gehirnhälfte verzichten. Gerade wenn es darum geht, kreativ zu sein, können wir es uns nicht leisten, das Potenzial unserer rechten Gehirnhälfte zu blockieren oder zu vernachlässigen.
Durch die Whole-Brain-Haltung, die Augenbewegungen und Überkreuzbewegungen (siehe S. 85 f. und 90), werden messbar beide Gehirnhälften aktiviert.
Genauso wird die Verbindung des limbischen Systems zur Großhirnrinde hergestellt oder aufrechterhalten. Ist diese Verbindung unterbrochen, reagiert der Mensch dagegen im »Kampf oder Flucht«-Modus, er kämpft also ums nackte Überleben. Das tun wir physiologisch gesehen weit öfter, als uns lieb ist.
Zur Erinnerung: Der junge Vater auf dem Flughafen Wien-Schwechat zerrte an dem Buggy, als ginge es um sein Leben. Und das ist in so einem Fall wirklich nicht nötig.

Überkreuzbewegungen

Die Auflösung von Stress basiert auf der Tatsache, dass Bewegung unser Gehirn mit Sauerstoff versorgt und es besser durchblutet wird. Durch Überkreuzbewegungen werden beide Gehirnhälften aktiviert.

Sie können Stress auch folgendermaßen auflösen: Mit der linken Hand das rechte Knie berühren, danach mit der rechten Hand das linke Knie berühren, so lange es guttut. Diese Überkreuzbewegung nennt man »Cross-Crawls«.

Die liegende Acht (siehe S. 86 oben) kann auch mit Armen und Händen vor dem Körper gezeichnet werden. Sowohl die Augen- als auch die Hand- und Armbewegung unterstützen die Gehirnaktivierung.
Sogar mit der Zunge kann man die liegende Acht machen; sie ist ja ebenfalls ein Muskel.

Die eine Hand greift zur Nase, die andere zum Ohr – und das über Kreuz. Das sieht lustig aus, erinnert an einen Affen und macht Spaß.

Überblick: Was tun bei Stress?

Eichung:

Etwas Angenehmes, wahrer Name
oder »Ja« denken:
Stark.

↓

Etwas Unangenehmes, falscher Name
oder »Nein« denken:
Schwach.

↓

»Es ist im höchsten und besten Interesse,
jetzt diesen Stress loszulassen.«
Nur weiter bei »Stark«.

↓

In die stressige Situation hineinspüren:
»Schwach«.

↓

In die Whole-Brain-Haltung gehen und
mit geschlossenen Augen eine liegende Acht zeichnen.

↓

Impuls: die Augen gehen auf.
Wieder in die stressige Situation hineinspüren: »Stark«.

↓

»Ich danke von Herzen.«
Beide Hände auf das Herz legen, sich Zeit lassen, die Dankbarkeit zu empfinden.

Anwendungen im Alltag

Sehr bewusst wurde mir die verbindende Wirkung des stressauflösenden Prozesses, als ich vor einigen Jahren sehr viel mit dem Finanzamt zu tun hatte.

Ich hatte einen großen Betrag an Steuern nachzuzahlen und wusste zuerst nicht, wie ich ihn aufbringen sollte. Ich redete mit niemandem darüber und fühlte mich einfach schlecht, bis ich es endlich geregelt hatte.

Eines Tages – ich war schon so gut wie unterwegs zu einem Workshop – schloss ich den Briefkasten auf. Sofort erkannte ich den grauen Umschlag vom Finanzamt. Ich riss den Umschlag auf und schaute auf die Zahlen. »Das ist nicht wahr! Jetzt soll ich immer noch 1800 Euro nachzahlen!?« Ich warf den Briefkasten zu – der Brief blieb drinnen – und versuchte, die nächsten Tage nicht daran zu denken.

Als ich nach Hause komme und den Brief in aller Ruhe lese, erkenne ich, dass der Brief eine Mahnung wegen zu später Zahlung enthält: Ich soll 1 Prozent von 1800 Euro nachzahlen, das sind 18 Euro. Boahh – die Luft ist draußen.

»Wenn das mal kein Stress ist, den ich mir da tagelang gemacht habe«, und: »So kann das nicht weitergehen«, denke ich und setze mich in die Whole-Brain-Haltung, um den Stress aufzulösen. Das Ergebnis ist, dass ich beginne, mit mehreren Menschen über meine Steuerrückzahlung zu sprechen. Ich erhalte Tipps, die neu für mich sind. Aus meinem Gefühl des Stresses heraus habe ich mich gar nicht wirklich mit meinen Möglichkeiten beschäftigt. Ich telefoniere mit dem zuständigen Sachbearbeiter. Er weist mich darauf hin, dass ich noch Zeit für einen Einspruch habe. Am Ende dieser Geschichte erhalte ich sogar 1500 Euro zurück. Und das alles, weil ich meinen Stress mit meinem Finanzamt losgelassen habe.

Ich sitze im Auto auf dem Fahrersitz und habe gerade getestet, dass es in meinem höchsten und besten Interesse ist, jetzt ein unangenehmes Thema anzusprechen. Bei dem Gedanken daran spüre ich, wie Angst und Stress in mir aufsteigen. Ich führe die Eichung durch, stelle mir vor, wie ich das Thema anspreche, und teste schwach.
Nun teste ich, ob es in meinem höchsten und besten Interesse ist, diesen Stress jetzt zu transformieren, und erhalte ein »Ja«. Ich gehe in die Whole-Brain-Haltung und zeichne mit geschlossenen Augen die liegende Acht. Als sich meine Augen spontan öffnen, merke ich schon, dass sich meine Gesichtszüge entspannt haben und mein Puls deutlich niedriger schlägt. Ich stelle mir wieder vor, dass ich das Thema anschneide – nun teste ich stark. Ich führe meine Hände zum Herzen und bin von Dankbarkeit erfüllt.
Das Gespräch verläuft verständnisvoll – auf beiden Seiten.

Meine Tochter wünscht sich, dass ich sie vom Training abhole. Ich erfülle ihr den Wunsch, obwohl meine Zeit knapp ist. Jetzt sitze ich vor der Turnhalle im Auto und sie kommt nicht heraus. Ich gerate in Stress, und Gedanken wie »Sie weiß doch, dass ich es eilig habe« überschwemmen mein Gehirn. Ich will sie trotzdem nicht anmeckern. Also nutze ich die Stressauflösung und bin ganz entspannt, als sie endlich zu mir ins Auto steigt.

Mein Großvater hat jeden Nachmittag, an den ich mich erinnern kann, ein Nickerchen gemacht. Er ist 101 Jahre alt geworden und er ist mein Vorbild.
Ich liebe Mittagsschlaf. Allerdings kann ich nicht immer und überall Mittagsruhe halten. Manchmal ist einfach zu wenig Zeit dafür. Dann lege ich mich bequem auf ein Sofa – ein Sessel geht auch –, und um schneller in die Entspannung hineinzukommen, nutze ich die Whole-Brain-Haltung in Kombination mit den Augenbewegungen, allerdings ohne vorher eine stressende Situation abzutesten. Es geht mir jetzt darum, schneller in den Entspannungszustand zu gelangen. Irgendwann hören die Augenbewegungen auf und ich falle vielleicht in einen kurzen Schlaf. Ah, wie erquickend! Ich danke von Herzen.

Genau das Gleiche tue ich, wenn ich abends nicht in den Schlaf finde oder nachts aufwache und nicht wieder einschlafen kann. Erstens sage ich mir, es ist wissenschaftlich erwiesen, dass man durchschnittlich 28-mal pro Nacht aufwacht; zweitens teste ich, ob es in meinem höchsten und besten Interesse ist, jetzt den Stress aufzulösen. Falls ja, lege ich mich in die Whole-Brain-Haltung und mache Augenbewegungen, bis ich wieder eingeschlafen bin.

Ich sitze im Zug auf der Fahrt zu einer Präsentation vor vielen Menschen. Ich bin aufgeregt. Aber ich kann im Zug wunderbar Stress transformieren. Also führe ich die Eichung durch, stelle mir vor, wie ich vor dem Publikum stehe, und falls ich schwach teste, lasse ich den Stress los. Wenn meine

Augen sich öffnen, danke ich von Herzen. Und ich freue mich auf die Präsentation.
Eventuell teste ich noch die Überzeugung, die ich für meine Präsenz bei Veranstaltungen in mir etabliert habe: »Ich bin klar, gelassen, bereit und liebevoll.« – Ja, das bin ich.

Dieses Beispiel ist etwas delikat. Dennoch wurde ich in Workshops ermuntert, es mitzuteilen. Und ich selbst finde es so hilfreich. Also: Bei sehr schwerem Stuhlgang, der partout nicht den Körper verlassen will, gehe ich in die Whole-Brain-Haltung, beginne mit den Augenbewegungen und entspanne mich. Dadurch werden auch Gehirnareale aktiviert, die das vegetative System beeinflussen. Es dauert meistens einen Augenblick, bis die willkürlichen Bewegungen des Darmes angeregt sind – auf jeden Fall fällt mir die Darmentleerung leichter. Ich empfehle das Ausprobieren!

Wie Stress unserer Entwicklung dient – wenn wir ihn bewältigen

Wären wir Erwachsene wieder wie Kinder, die draußen auf der Straße oder in der Natur spielen, dann würden wir ständig durch Überkreuzbewegungen unser Gehirnpotenzial abrufen. Wir würden rennen und dabei mit den Armen schlenkern. Wir würden Bälle werfen, beim Abwurf den rechten Arm ausstrecken, uns mit dem linken Bein abstemmen oder umgekehrt. Wir würden im Wasser paddeln wie Hunde und abwechselnd Beine und Arme bewegen. Wir würden auf dem Boden robben oder wie eine Schlange durchs Gras schlängeln. Und wir würden vielleicht singen und tanzen und dabei mit den Händen klatschen.

Kinder erfahren es als lustvoll, sich zu bewegen, und die Natur hat es so wunderbar eingerichtet, dass das, was lustvoll ist, auch unser Gehirn entwickelt.

In all diesen körperlichen Aktivitäten sind Überkreuzbewegungen enthalten: Sie beeinflussen sowohl unsere rechte wie auch unsere linke Hemisphäre, indem unser Gehirn in ständigem Kontakt mit unseren Körperteilen steht, indem es Impulse erhält und Impulse in den Körper schickt. Die Aktivierung des Gehirns führt auch dazu, dass die Verbindung zwischen dem limbischen System und dem Cortex aufrechterhalten wird und lebendig bleibt. Diese Verbindung ist wichtig, damit wir sowohl auf unsere Gefühle als auch auf unseren Verstand zugreifen können.

Auch für uns Erwachsene ist es lustvoll, zu schwimmen, zu rennen, zu tanzen und zu singen. Doch wir tun es allzu selten, weil wir denken, wir hätten keine Zeit mehr dazu oder es wäre nicht angemessen – in unserem Alter. Dabei ist erwiesen, dass schon durch einen Lauf von einer halben Stunde neue Bahnen im Gehirn entstehen – auch bei einem Erwachsenen.
Um stärkende Effekte zu erzielen, wo immer wir sie brauchen, können wir auf viele Formen der Überkreuzbewegungen zurückgreifen. Es ist gut, wenn sie uns Spaß bereiten, auch wenn wir etwas bewusst mit ihnen bezwecken.

Kontrollierbarer Stress

Der Gehirnforscher Gerald Hüther begründet in seinem Buch »Biologie der Angst« die These, dass wir der ausführlichen physiologischen Stressreaktion, zu der wir Menschen fähig sind, unser Überleben und unsere Weiterentwicklung als Spezies Mensch verdanken. Für ihn sind kontrollierbarer und unkontrollierbarer Stress wichtige Faktoren, um Selbstorganisations- und Anpassungsprozesse zu erzielen.

Wiederholt auftretende Stressoren führen also zu einer Stabilisierung und Intensivierung der körpereigenen Stressantwort. Die involvierten neuronalen Netze werden ausgebaut, ihre Effizienz verbessert und sie spezialisieren sich. Dazu ein Beispiel:

Bei meiner ersten Führerscheinprüfung bin ich durchgefallen. Ich hatte Angst vor der Prüfung, ich war überfordert. Eigentlich wollte ich gar nicht in das Auto einsteigen.
Später wurde mir bewusst, dass ich folgende Erfahrung mit der Führerscheinprüfung verband: Ich sehe noch heute meine Mutter, wie sie langsam die kleine Gasse auf unser Haus zu lief. Ich rannte ihr entgegen, denn ich wusste, sie hatte heute ihre Führerscheinprüfung absolviert. Noch bevor ich bei ihr ankam, wusste ich: »Irgendetwas stimmt nicht.« Sie weinte. Sie war durchgefallen. Welch ein Makel in unserer Familie!

Diese (unterbewusste) Verknüpfung führte dazu, dass ich bei meiner Führerscheinprüfung im Stress war. Ich hatte Angst, ebenfalls durchzufallen. Mein limbisches System hatte die Kontrolle übernommen, und so schaute ich weder links noch rechts und trat stattdessen fest aufs Gaspedal – so ist das ja, wenn man flüchten will. Hätte mein Fahrlehrer nicht noch fester auf die Bremse getreten, wäre ich beim Linksabbiegen mit der Straßenbahn zusammengestoßen ...
Mein Stress übertrug sich auf den Fahrlehrer – Spiegelneuronen im Gehirn nehmen den Stress des Gegenübers wahr –, sodass er bei strömendem Regen energisch das Schiebedach öffnete. »Damit Sie einen klaren Kopf bekommen!«, waren seine Worte. Genützt hat das nichts mehr. Ich war durchgefallen.
Aber nach drei Monaten Pause, in denen ich mich von meinem Liebsten trösten und herumfahren ließ und ein paar zusätzliche Fahrstunden erhielt, bestand ich die Prüfung. Ich hatte durch meine Vorerfahrungen gelernt; neue Pfade hatten sich im Gehirn gebahnt. Meine Mutter hatte schließlich

ebenfalls beim zweiten Mal die Fahrprüfung bestanden! Mein zweite neurologische Antwort auf den Stress bei der Führerscheinprüfung war also weit effizienter. Ich konnte den Stress kontrollieren. Und ich schaffte es.
Und trotzdem war das Lernen nicht zu Ende. Obwohl Autofahren jetzt statt Stress nur noch Herausforderung war – und zwar eine, die mich so sehr reizte, dass ich morgens sogar zum nahen Bäcker fuhr –, streifte ich bei meiner ersten Fahrt auf schneeglatter Straße ein parkendes Auto. Neuer Stress ... Neue Bahnen mussten in meinem Gehirn entstehen: Wie fahre ich im Winter bei Schnee und Eis?

Heute fahre ich sicher und seit Langem unfallfrei. Obwohl ..., da fällt mir gerade etwas ein: Vor Kurzem hatte ich mir einen Kleinlastwagen geliehen – und riss doch tatsächlich den spektakulären Aufbau von drei Spiegeln eines großen Lkw ab. Ich wich dem parkenden Lkw zwar aus, doch meine Pkw-Fahrpraxis gaukelte mir vor, dass ich locker unter den Spiegeln hindurchfahren könne. Irrtum, ich rechnete den hohen Aufbau des kleinen Lastwagens nicht ein! Das Lehrgeld für diese Erfahrung kostete auf materieller Seite immerhin 2000 Euro. Ich hatte mich in dem Kleinlastwagen sehr sicher gefühlt. Kontrollierbarer Stress, der mich zur Vorsicht gemahnt hätte, wäre angebracht gewesen.

Wir lernen also, indem wir die Angst vor einer Situation bewältigen und sicherer werden. Unser Gehirn und unser Körper dienen uns dabei mit Hochleistung. Es gibt unzählige Rückmeldeschleifen, die unsere Antwort auf Stress verbes-

sern. Sooft es irgendwo »gekracht« hat, wird unser zentrales noradrenergenes System eingeschaltet. Gerald Hüther nennt es ein »Leitsystem«, das bei hektischem Durcheinander in der Großhirnrinde zu agieren anfängt:
»Dieses bei jedem Stau oder Verkehrsunfall in unserem Gehirn aktivierte System sorgt dafür, dass alle Nervenzellen wachgerüttelt werden, sodass der Informationsfluss schnell und effizient dort entlang geleitet wird, wo es besser vorangeht [...] Es sorgt dafür, dass immer diejenigen neuronalen Verschaltungen, die erfolgreich zur Auflösung des entstandenen Durcheinanders in den Netzwerken der Hirnrinde beitragen und die wir schließlich benutzen, um eine bestimmte Belastung zu bewältigen, auch gleich ausgebaut und besser, schneller und effizienter nutzbar gemacht werden.« (S. 63)

Unsere Fähigkeit, Stress zu empfinden und darauf zu reagieren, sichert demnach unsere Weiterentwicklung. Evolutionär gesehen gewährleistet die Stressantwort unser Überleben. Und Rückmeldeschleifen funktionieren umso effizienter, je zahlreicher die Wege sind, die begangen werden können.
Damit wir stressende Situationen zu Lernerfahrungen umwandeln können, ist es eine günstige Voraussetzung, dass Informationen in unseren beiden Gehirnhälften frei fließen können. Dies ist nicht der Fall, wenn Verbindungen blockiert sind.

Unkontrollierbarer Stress

Wir haben nun die Chance erkannt, die wir durch die kontrollierbare Stressantwort erhalten: Wir gehen neue Wege, wir entwickeln uns, wir wachsen.

Wird der Stress jedoch so groß, dass wir ihn nicht mehr kontrollieren können, spielt unser Gehirn unzählige Möglichkeiten durch. Keine davon führt zum Ziel, also zur Kontrolle oder zur Auflösung des Stresses.

Nach Gerald Hüther »weicht« in solchen Situationen unser Gehirn auf. Fundamentale Strukturen lösen sich auf, das Gehirn wird umgekrempelt. Nicht selten mündet dies in eine Desorientierung, die Angst und Verzweiflung nach sich zieht. Doch auch einem solchen Zustand entwachsen wir wieder. Unterstützt werden wir dabei von unserer rechten Gehirnhälfte und durch ... Freunde.

Ja, du hast richtig gelesen, ich sagte: »durch Freunde«, durch Freundschaft.

Stressforscher haben eine zufällige Entdeckung gemacht: Um ein Präparat zu testen, das gegen Angst und Stress helfen sollte, setzten sie einen Affen in einen Käfig, um den ein knurrender Hund lief. Der Affe hatte Angst, und sein System produzierte dementsprechend viele Stresshormone. Nun wurde einem zweiten Affen das Präparat verabreicht; man setzte ihn zu dem ersten Affen in den Käfig. Dieser zweite Affe zeigte keine hormonelle Stressreaktion. »Das Präparat wirkt«, dachten die Forscher – bis sie erneut den Stresshormonspiegel des ersten Affen maßen. Auch bei ihm stellten sie jetzt keine Stressreaktion mehr fest.

Sie wiederholten den Versuch ohne die Beruhigungspille und maßen immer das gleiche Ergebnis: Der knurrende Hund führte bei einem einsamen Affen zu einem erhöhten Pegel an Stresshormonen; sobald ein zweiter Affe hinzukam, blieben beide Affen entspannt – egal ob mit oder ohne Medikament. Wichtig war allerdings, dass der zweite Affe ein Bekannter, ja Freund des ersten war (siehe Hüther, S. 52).

Wir Menschen sind soziale Wesen. Unkontrollierbarer Stress kann kontrolliert werden, indem uns jemand tröstet; wenn wir eine Hand halten; sobald wir in jemandes Armen weinen oder mit jemandem sprechen können. Immer geht es um Vertrauen, Freundschaft und Liebe.
Durch die Qualitäten unserer rechten Gehirnhälfte wird diese Verbindung leicht.

Eine Empfehlung

Stress ist nicht gleich Stress; auch unkontrollierbarer Stress variiert. Stress kann entstehen, indem ein Reh vor mir über die Straße läuft und ich deshalb einen Unfall baue.
Der Stress bei meiner Führerscheinprüfung ließ sich darauf zurückführen, dass ich meine weinende, bei der Führerscheinprüfung durchgefallene Mutter noch lebhaft vor Augen hatte. »Mir ergeht es bestimmt genauso«, oder: »Warum soll es mir anders ergehen als meiner Mutter?«, waren Überzeugungen, die ich damals unbewusst verinnerlicht hatte. Interessant ist auch, dass ich die unmittelbar anschließende Motorradprüfung mit Bravour bestand, obwohl ich eben noch Tränen in den Augen gehabt hatte. Meine Mutter fuhr nicht Motorrad. In unserem Gehirn entstehen Vorstellungen, Ideen und Hypothesen über die Welt. Wir glauben sie, weil uns etwas beeindruckt hat. Mich beeindruckte meine Mutter, der ich entgegensprang und die mich weinend in die Arme nahm.

Unsere linke Gehirnhälfte ist ständig damit beschäftigt, Möglichkeiten und Hypothesen durchzuspielen. Und sie verkauft uns all das als wahr. Ein bisschen mehr Skepsis ihr gegenüber wäre angebracht.
Erfahre ich immer wieder Stress in Situationen, die ich oberflächlich betrachtet eigentlich gut bewältigen könnte, sollte ich nach unbewussten Erlebnissen oder Überzeugungen forschen, die mich abhalten, den gewählten Weg zu gehen. Es tut gut, sie durch Neues zu ersetzen.

Ähnliches gilt für den Fall, dass der Selbst-Muskeltest nicht funktioniert. Es kann sein, dass du es unbedingt willst, unterbewusst dich aber sabotierst und denkst: »Bei mir klappt das sowieso nicht«. In diesem Fall schlage ich vor, eine unterbewusste Überzeugung zu etablieren wie: »Der Selbst-Muskeltest funktioniert bei mir« oder »Ich vertraue meinem Selbsttest«. Dafür empfehle ich die Methode »PSYCH-K«.
Wir sind nicht auf der Erde, um x-mal mit Unmut oder Leiden die alten Bahnen entlangzulaufen. Wir können lernen! Ich verabschiede mich von alten Wegen, die meinem Ziel nicht dienen, und schlage mich in die Büsche. Dort entdecke ich oft Überraschendes auf schmalem Pfad.

Literatur

Bauer, Joachim: Das Gedächtnis des Körpers.
Wie Beziehungen und Lebensstile unsere Gene steuern.

Dennison, Paul: Brain Gym.
Lernen mit Lust und Leichtigkeit.

Hawkins, David R.: Die Ebenen des Bewußtseins.
Von der Kraft, die wir ausstrahlen.

Hofmann, Brunhild: PSYCH-K im täglichen Leben.
Für eine entspannte Kommunikation zwischen Bewusstsein und Unterbewusstsein.

Hüther, Gerald: Biologie der Angst.
Wie aus Streß Gefühle werden.

Kapohl, Felix: Das Konzept der somatischen Marker nach Antonio R. Damasio.

Keding, Christa: Die wundersame Welt des Muskeltestes.
Glaubwürdigkeit, Chancen, Herausforderungen.

Lipton, Bruce: Intelligente Zellen.
Wie Erfahrungen unsere Gene steuern.

Taylor, Jill B.: Mit einem Schlag.
Wie eine Hirnforscherin durch ihren Schlaganfall neue Dimensionen des Bewusstseins entdeckt.

Williams, Robert: PSYCH-K.
Die Macht der Überzeugungen und die Verbindung von Körper, Geist und Seele.

Danke

Danke sage ich an dieser Stelle den Teilnehmern meiner Workshops, durch die ich vieles – und vor allem verschiedene Selbst-Muskeltests – lernen durfte und die mich weitergebracht haben. Dieses Buch ist aus der Begegnung mit ihnen entstanden.

Ich danke Karin und Konrad, meinen Verlegern, die sich sehr flexibel auf meine spontane und kurzfristige Herangehensweise einstellen konnten.

Birgit-Inga Weber hat das Manuskript mit leichter Hand in die perfekte Form gesetzt – danke!

Ich danke Gabriela für meine Erkenntnisse zum Muskeltest.

Christoph Rau danke ich für unsere Foto-Session – und Ira dafür, dass sie Modell gestanden hat.

Karl-Julius danke ich für das erste Überfliegen des Manuskripts und für seine kritischen Kommentare. Sie veranlassten mich, ernsthaft an das Thema heranzugehen.

Meiner Familie danke ich für ihre Unterstützung – einfach indem sie für mich da ist.

Die Autorin

Brunhild Hofmann, Dipl. Biochemikerin, Germanistin, begleitet seit 20 Jahren Organisationen, Unternehmen und Einzelne als Beraterin und Coach.

Als sie im Jahr 2005 die Methode PSYCH-K® kennenlernte, vollzog sich ihr Wandel von rein naturwissenschaftlicher Ausrichtung hin zu spiritueller Führung.

Seit 2007 lehrt sie PSYCH-K und geht ihrer Leidenschaft zu schreiben nach. Ihr erstes Buch »PSYCH-K im täglichen Leben« bedeutete für viele Menschen den ersten Schritt zu einem Leben in Liebe und Freiheit. Ihre Botschaft ist einfach: Liebe dich – und du nimmst alles an, was dir begegnet.

www.energyfocus.de

www.brunhildhofmann.de

Wichtiger Hinweis

Die im Buch veröffentlichten Empfehlungen wurden von Verfasserin und Verlag sorgfältig erarbeitet und geprüft. Eine Garantie kann dennoch nicht übernommen werden. Ebenso ist die Haftung der Verfasserin bzw. des Verlages und seiner Beauftragten für Personen-, Sach- und Vermögensschäden ausgeschlossen.

3. Auflage 2015

Bildnachweis:
• Christoph Rau – Fotos S. 4/5, 35, 41–53, 85, 90, 109
• Fotolia – S. 6/7, 8, 10–23

Cover: Sabine Dunst/Guter Punkt, München
© QxQ IMAGES/Datacraft, getty images
Lektorat und Layout: Birgit-Inga Weber
Gesamtherstellung: Karin Schnellbach
Druck: Finidr, Tschechien
ISBN 978-3-86728-206-2

Brunhild Hofmann
PSYCH-K im täglichen Leben

Für eine entspannte Kommunikation zwischen Bewusstsein und Unterbewusstsein

gebunden, 176 Seiten, € 9,95
ISBN 978-3-86728-062-4

PSYCH-K, eine Methode für jedermann, lässt uns direkt mit Körper und Seele Zwiesprache halten: Auf einfache Weise entdecken wir limitierende Überzeugungen und verwandeln sie in uns stärkende Glaubenssätze. Das Ergebnis ist die kraftvolle Ausrichtung unseres Unterbewusstseins verbunden mit dem Aspekt unseres Höheren Selbst auf unsere bewussten Ziele. Das Verschmelzen von Grundlagen der Kinesiologie und des Neuro-Linguistischen-Programmierens (NLP) mit Energie- und Atemarbeit tragen zur hohen Effizienz der Methode bei.
PSYCH-K ist eine Selbsthilfemethode, die beschleunigtes Wachstum mit Leichtigkeit und Erfolg verbindet. Für BeraterInnen, PsychologInnen, Coaches und Menschen aus heilenden Berufen ist Psych-K eine optimale Ergänzung.